WU ZIXU
INSPIRATEUR DE SUN TZU

Yann Couderc

Wu Zixu
Inspirateur de Sun Tzu

Éditions Amiot

Comment prononcer ?

Wu Zixu (伍子胥, Wǔ Zǐxū en transcription pinyin accentuée) se prononce en français « Wou Tseu-hsiu » ou, de façon rapide, « Wou Tzi Tseu ».

Adopté en République populaire de Chine en 1958, le pinyin retranscrit les caractères chinois en alphabet latin (accentué pour rendre les quatre tons du chinois). Si cette transcription a le mérite d'être devenue internationale (auparavant, chaque pays disposait de son propre système), une lecture « à la française » du résultat obtenu ne permet pas d'obtenir la prononciation correcte : il est nécessaire de connaitre le système pinyin.

Introduction

Au VIe siècle avant Jésus-Christ (av. J.-C.), en Chine, les rois perdent de leur autorité, les territoires se morcellent et maintes querelles dynastiques surgissent. C'est, semble-t-il, dans ce climat délétère qu'aurait vécu le grand stratège, administrateur et politicien Wu Zixu. « Aurait » car, comme nous le verrons, des doutes existent sur la réalité des éléments biographiques qui nous sont parvenus.

Wu Zixu aurait rédigé plusieurs textes, dont un traité de stratégie. Ce traité était considéré par tous comme définitivement perdu jusqu'il y a peu. Son existence même était sujette à caution. Or des fouilles archéologiques en ont miraculeusement mis au jour un exemplaire en 1983. Très endommagé, sa transcription en chinois moderne ne fut publiée qu'en 2003, sous le titre *L'Art de la guerre*, en écho au traité de stratégie de Sun Tzu. Cette formidable trouvaille apporta non seulement des éléments de contexte qui permirent de préciser la biographie de son auteur, mais également un éclairage nouveau dans la lecture de *L'Art de la guerre* de Sun Tzu.

Les deux traités ayant pu être composés à la même période, il est très possible que le premier ait servi d'inspiration au second : comme nous le montrerons, certains passages du traité de Wu Zixu semblent réellement préfigurer ceux présents dans celui de Sun Tzu.

Wu Zixu est aujourd'hui très populaire en Chine. Et il semble en avoir toujours été ainsi. Au Ier siècle av. J.-C. Sima Qian, la grande référence chinoise en matière de biographies anciennes, consacrait un chapitre complet à Wu Zixu et seulement quelques lignes à son homologue Sun Tzu.

En attendant que les études sinologiques livrent au public des informations plus précises sur Wu Zixu – sans parler d'une traduction française érudite de son traité – le présent opuscule ambitionne d'apporter les premières pierres en langue française de la connaissance du personnage et du texte retrouvé. L'objectif de cette initiative est d'inciter à la mise en chantier d'une véritable étude sur Wu Zixu, au besoin en réaction aux insuffisances voire erreurs du présent texte.

Ce travail a lui-même été initié en 2012 par le commandant Jian Zhu, militaire chinois, dans son mémoire de master de stratégie lors de sa scolarité à l'École de Guerre française. Sous l'impulsion de feu l'éminent professeur Hervé Coutau-Bégarie, le commandant Jian Zhu a en effet réalisé une ébauche de traduction française du traité de Wu Zixu. La découverte de l'existence de ce texte qui présentait tous les aspects d'un proto-*Art de la guerre* a fasciné l'amateur de Sun Tzu que nous sommes. Nous avons alors entrepris de reprendre et poursuivre les recherches du commandant Jian Zhu.

Puisse cet ouvrage attirer les projecteurs sur Wu Zixu et son traité !

Le personnage de Wu Zixu dans une série chinoise.

I
Wu Zixu, compagnon de Sun Tzu

Un stratège et homme politique des VIe-Ve siècles av. J.-C.

La tradition raconte que Wu Zixu vécut de 559 à 484 av. J.-C., c'est-à-dire durant la période chinoise dite des « Printemps et Automnes[1] ». Il naquit dans le royaume de Chu. Son père s'appelait Wu She et son frère ainé Wu Shang. Le roi Ping avait nommé le père de Wu She grand précepteur du dauphin, et Fei Wuji précepteur secondaire. Afin de détourner l'attention de quelques-unes de ses malversations, Fei Wuji convainquit le roi que Wu She fomentait une révolte. Le roi condamna ce dernier à mort et le força à écrire à ses fils pour leur demander de rejoindre leur père à la capitale, dans l'intention de les exécuter eux aussi. À la réception du message, les deux fils comprirent qu'il s'agissait d'un piège ; mais ils réagirent différemment : l'ainé choisit l'honneur et répondit à l'injonction, sachant qu'il courrait à une mort certaine, tandis que Wu Zixu s'enfuit vers le royaume de Wu, jurant de venger son père.

---

[1] La période chinoise des « Printemps et Automnes se situe entre 722 et 476 av. J.-C. Elle tire son appellation des *Annales des Printemps et Automnes* (春秋), une chronique des événements survenus dans l'État de Lu entre 722 av. J.-C. et 476 av. J.-C. Œuvre de plusieurs générations de scribes, la tradition en attribue la compilation à Confucius, au début du Ve siècle av. J.-C. Cet ouvrage est considéré comme l'un des cinq Classiques chinois.

Wu Zixu entra alors au service du roi de Wu, Helu[2], à qui il offrit en 512 av. J.-C. un traité de stratégie qu'il venait de rédiger. Wu Zixu devint rapidement Premier ministre de Wu. Ayant auparavant fait la connaissance de Sun Tzu avec qui il était devenu ami, il aurait par six fois tenté d'introduire ce dernier auprès du roi Helu, mais sans succès. À la dernière tentative, Sun Tzu reçut l'autorisation de faire découvrir son propre traité au roi. Ce dernier fut immédiatement fasciné et le prit à son service. Les deux stratèges guerroyèrent alors de nombreuses années côte à côte.

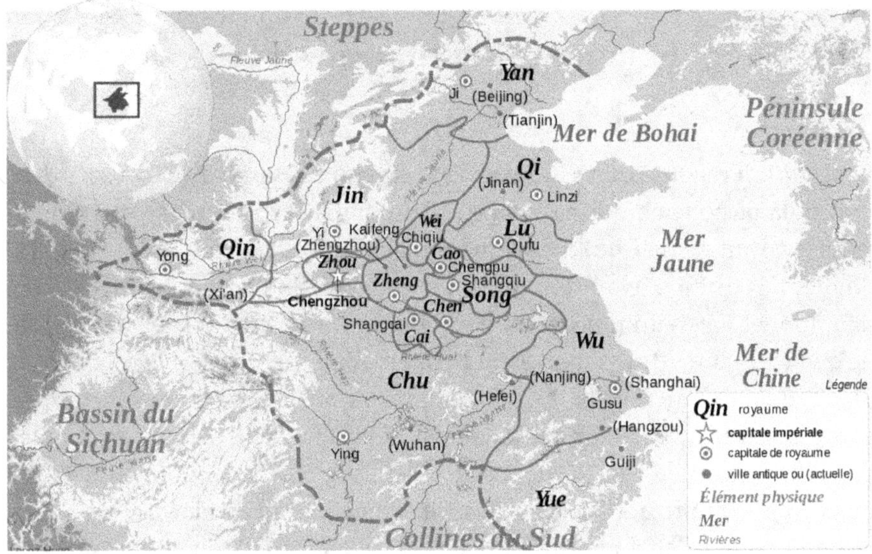

**La Chine au Vᵉ siècle av. J.-C.
(période des Printemps et Automnes).**

---

[2] Helu régna sur le royaume de Wu de -514 à -496. Le traité de Sima Qian nous apprend qu'avant de devenir roi, Helu était connu sous le nom de prince Guang. Parvenu au trône après avoir fait assassiner le roi Liao, son cousin, il prit le nom d'Helu.

Selon Sima Qian : « *[En 495 av. J.-C.], grâce aux plans de Wu Zixu et Sun Tzu, Wu avait vaincu le puissant royaume de Chu à l'ouest, dominait ceux de Qi et de Jin au nord et, au sud, avait soumis les gens de Yue.*[3] »

À la mort du roi Helu, Fuchai devint le nouveau roi de Wu. Mais ce dernier ne réitéra pas la confiance de son prédécesseur envers Wu Zixu : ainsi lorsque Wu Zixu le prévint avec insistance du danger que représentait l'État montant de Yue, non seulement il ne fut pas écouté, mais il lui fut même demandé de se suicider ! Wu Zixu s'exécuta en 484 av. J.-C., mais en exigeant au préalable que ses yeux fussent prélevés après sa mort pour être accrochés sur les portes de la capitale, afin de pouvoir lui-même assister à sa prise. La prédiction se réalisa dix ans plus tard, lorsque l'armée de Yue écrasa celle de Wu.

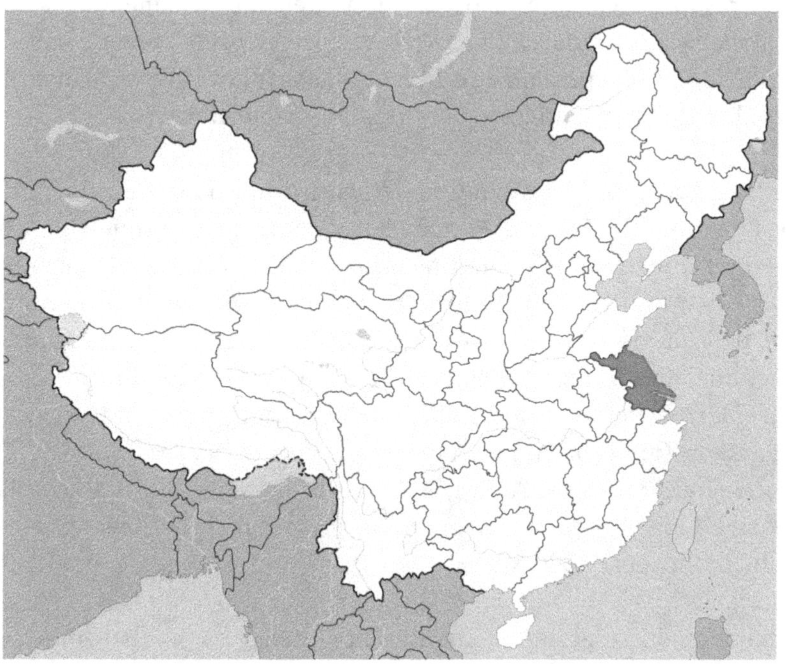

**L'actuelle province de Jiangsu (en noir)
correspondant partiellement à l'ancien royaume de Wu.**

---

[3] Sima Qian, *Mémoires historiques*, *in* Sima Qian, *Vies de Chinois illustres*, traduction de Jacques Pimpaneau, éditions You Feng, 2009, p. 63.

Cette histoire de Wu Zixu a été reconstituée à partir de deux grands textes chinois antiques : les *Printemps et Automnes de Lü* (呂氏春秋, IIIᵉ siècle av. J.-C.) et les *Mémoires historiques* de Sima Qian (史记, IIᵉ siècle av. J.-C.). Quelques mentions du personnage peuvent également être trouvées dans les commentaires des *Annales des Printemps et Automnes* tels les *Commentaires de Guliang* (穀梁传, Iᵉʳ siècle av. J.-C.) ou les *Commentaires de Gongyang* (公羊传, IIᵉ siècle av. J.-C.). L'anecdote de Wu Zixu tentant par six fois d'introduire Sun Tzu auprès du roi Helu provient quant à elle des *Annales des Printemps et Automnes des Royaumes de Wu et de Yue* (吴越春秋, IIᵉ siècle av. J.-C.).

Du point de vue chronologique, Wu Zixu serait contemporain de deux autres personnages légendaires : Confucius (donné pour être né en -551 dans le royaume de Lu) et Lao Tseu, fondateur du taoïsme, qui serait né en -590 dans le royaume de Chu. Nulle mention n'est faite d'une rencontre du stratège chinois avec l'un de ces philosophes (dont la véracité historique est d'ailleurs aujourd'hui fortement remise en question...).

Il n'existe guère de biographie moderne en français qui évoquerait Wu Zixu. Le sinologue Jacques Pimpaneau y consacre bien quelques pages dans son *Chine, Histoire de la littérature*[4], mais l'histoire relatée reprend surtout des anecdotes de la fuite du royaume de Chu : aucune mention ne figure de l'amitié de Wu Zixu avec Sun Tzu ou de la rédaction d'un quelconque traité de stratégie. Wu Zixu est donc un personnage relativement inconnu en France. À une exception près : un feuilleton de dix manhuas (mangas chinois) intitulé *L'Art de la guerre - Sun Tzu*. Paru en 2006 aux éditions du Temps, cette bande dessinée racontait en réalité davantage l'histoire de Wu Zixu que celle de Sun Tzu. Mais, excepté ce singulier contre-exemple, rien !

Au moment de la parution du présent ouvrage, il n'existe même pas d'article dédié dans le Wikipédia français. Au mieux la version anglaise de l'encyclopédie en ligne lui consacre-t-elle une page. Sans toutefois mentionner l'existence du traité. Quant aux références plus traditionnelles

---

[4] Jacques Pimpaneau, *Chine, histoire de la littérature*, éditions Picquier poche, 2016 (2004 pour l'original aux éditions Philippe Picquier), pp. 518 à 521.

(dictionnaire Larousse, encyclopédie Universalis, Encyclopedia Britannica, ...), aucune ne connait Wu Zixu.

Wu Zixu et Sun Tzu dans la bande dessinée
Sun Tzu - L'Art de la guerre
(paru en France en 2006 aux éditions du Temps).

Wu Zixu : un mythe ?

La question de la réalité de Wu Zixu mérite d'être posée. En effet, celle de Sun Tzu étant tout sauf certaine et leurs biographies étant intimement liées, la remise en question de l'une entrainerait celle de l'autre.

De nos jours encore, en Chine, l'existence véritable de Sun Tzu reste un sujet de débats et de controverses. Nous ne savons en effet rien de précis sur le personnage : à la différence de Wu Zixu dont la vie est relatée dans plusieurs textes anciens, la vie de Sun Tzu n'est curieusement évoquée que dans un unique ouvrage, les *Mémoires historiques* de Sima Qian. Deux chapitres parlent en effet de lui : le 65e, consacré à Wu Zixu, et le 66e, qui s'intéresse à trois stratèges, dont Sun Tzu. Paradoxalement, c'est dans la biographie de Wu Zixu que l'on trouve le plus d'informations concernant la vie de Sun Tzu ! Le passage du chapitre 66 dédié à Sun Tzu est en effet très réduit (six fois moins long que le chapitre 65 consacré à Wu Zixu), et surtout relativement dépourvu de réelles informations biographiques. Ainsi, seules les toutes premières phrases apportent des éléments concrets :

> « *Sun Tzu était un homme du royaume de Qi. Pour avoir écrit un livre de stratégie, il fut reçu par le roi Helu du royaume de Wu* ».

... ainsi que les toutes dernières :

> « *Le roi comprit que Sun Tzu savait manier les troupes et le nomma général. Si ensuite le royaume de Wu viola les frontières de celui de Chu au sud, s'empara de sa capitale, et, au nord, menaça les royaumes de Qi et de Jin, ce n'est pas sans rapport avec la force de Sun Tzu.* »

Rien de plus ! Tout le reste de la biographie est consacré à « l'anecdote des concubines » qui raconte comment Sun Tzu parvint à apprendre le maniement des armes à 180 femmes du palais (devant leur insouciance à l'égard de cet enseignement, Sun Tzu en exécuta deux pour l'exemple ; terrifiées, les autres s'ingénièrent alors à suivre rigoureusement les leçons prodiguées...).

Paradoxalement, la biographie de Wu Zixu fournit davantage d'éléments concrets sur Sun Tzu :

> *« [En 512 av. J.-C.] Helu voulait aller jusqu'à Ying, mais comme Sun Tzu lui dit que, les soldats étant épuisés, ce n'était pas possible et qu'il fallait attendre, il s'en retourna.*
>
> *[...]*
>
> *[En 506 av. J.-C.], le roi de Wu, Helu, dit à Wu Zixu et Sun Tzu : « Vous m'aviez dit que je ne pourrais pas entrer dans Ying. Maintenant, est-ce réalisable ? – Le général de Chu Nang Wa est si cupide, lui répondirent-ils, qu'il s'est aliéné les royaumes de Tang et Cai. Si vous tenez à prendre Ying, il vous faut vous allier à ces deux royaumes pour que ce soit possible. » Le roi Helu les écouta, leva des troupes et, avec Tang et Cai, attaqua Chu en installant leurs camps de part et d'autre de la rivière Han.*
>
> *[...]*
>
> *[En 504 av. J.-C.], grâce aux plans de Wu Zixu et Sun Tzu, Wu avait vaincu le puissant royaume de Chu à l'ouest, dominait ceux de Qi et de Jin au nord et, au sud, avait soumis les gens de Yue. »*

L'existence réelle de Sun Tzu en vient dès lors à être suspecte. En particulier, aucune mention n'est faite de lui dans l'ouvrage pourtant considéré comme la référence du Ve siècle av. J.-C. : le *Zuo Zhuan* (ou *Commentaires de Zuo*, 左传). Il se trouve bien d'autres textes faisant état de grands stratèges qui pourraient être assimilés à Sun Tzu, mais au final, aucune certitude n'existe.

Indépendamment de l'existence même du personnage, les connaissances historiques actuelles rendent anachronique une rédaction du traité de Sun Tzu au VIe av. J.-C. : l'organisation militaire décrite (généraux de carrière, troupes d'élite, ...) ou certains des équipements évoqués (arbalète, armure pour les fantassins, ...) n'existaient tout simplement pas encore à l'époque des Printemps et Automnes. De même que la stratégie basée sur la duperie : au VIe av. J.-C., la guerre était ritualisée et chevaleresque. Surtout, la forme même du traité (un ouvrage structuré dont les idées personnelles se développent selon un schéma rationnel, plutôt qu'un recueil d'aphorismes) n'apparaîtra que postérieurement au VIe av. J.-C., tout comme certains idéogrammes chinois du texte originel.

Le contenu actuel du traité pourrait-il alors être beaucoup plus tardif ? Si jusqu'en 1972, la plus ancienne version que nous possédions ne datait que du XIe siècle ap. J.-C., des fouilles archéologiques dans la région chinoise du Yinqueshan ont mis au jour un exemplaire du début du IIe siècle av. J.-C. : nous avons donc désormais la certitude que le texte que nous utilisons aujourd'hui existait déjà à cette période. En outre, Sun Tzu ne mentionne jamais la cavalerie apparue dans cette région de la Chine vers 320 av. J.-C. Alors qu'un traité relativement similaire, *L'Art de la guerre* de Sun Bin, rédigé probablement quelques décennies après celui de Sun Tzu, mentionne, lui, cette composante de l'armée. Ainsi, les experts datent aujourd'hui la composition de *L'Art de la guerre* de Sun Tzu à la seconde moitié du IVe siècle av. J.-C.

Pourquoi alors, si les experts ont démontré cette datation, tant d'ouvrages chinois continuent-ils de se référer à la chronologie fantaisiste de Sima Qian ? Une hypothèse personnelle est que, pour les Chinois, la question de la date de naissance de Sun Tzu pourrait être une question d'honneur. Affirmer que Sun Tzu a vécu au VIe siècle av. J.-C. le consacre incontestablement comme plus ancien stratège du monde. En revanche, si l'écriture du traité ne devait plus remonter qu'à une date proche de -300, les Chinois pourraient craindre que la paternité leur soit volée par des auteurs occidentaux tel Énée le Tacticien[5] voire indiens tel Kautilya[6]. Il leur serait en outre toujours à redouter que des écrits proto-stratégiques légèrement antérieurs à la date réelle d'écriture de *L'Art de la guerre* refassent un jour surface. C'est d'ailleurs précisément ce qui a dû se produire avec la découverte du traité de Wu Zixu.

Alors, Sun Tzu a-t-il réellement existé ? Force est en tout cas de constater que nous possédons un traité qui lui est attribué et qui, jusqu'à la découverte de celui de Wu Zixu, était certainement le plus ancien véritable

---

[5] Énée le Tacticien est le plus ancien stratège occidental connu. Militaire grec du IVe siècle av. J.-C., il est l'auteur de plusieurs traités, dont seul celui sur *La Poliorcétique* nous est parvenu.

[6] Kautilya est l'auteur, au IIIe ou IVe siècle av. J.-C., de l'*Arthashâstra*, ouvrage majeur de politique, d'économie et de stratégie militaire.

traité de stratégie.

Et Wu Zixu ? Il faudra probablement attendre de nouveaux travaux de chercheurs et de nouvelles trouvailles d'archéologues pour que des certitudes apparaissent. En l'état, nous ne pouvons que nous contenter de l'histoire « officielle » et du texte récemment découvert.

**Une estampe japonaise de Tsukioka Yoshitoshi (1887)
sur la fuite de Wu Zixu.**

II
Le traité

Un texte rapidement perdu et partiellement redécouvert

Si l'on s'en tient à la biographie de Wu Zixu telle que présentée précédemment, le traité de Wu Zixu serait légèrement antérieur, ou au moins concomitant, à celui de Sun Tzu :

1. Wu Zixu donne son traité au roi Helu ;
2. à la lecture de ce traité, Helu nomme Wu Zixu Premier ministre (en 512 av. J.-C.) ;
3. une fois Premier ministre, Wu Zixu recommande Sun Tzu auprès de Helu ;
4. peut-être Sun Tzu offre-t-il une première ébauche de son traité à Helu ;
5. à la lecture de son traité, Helu nomme Sun Tzu général ;
6. au soir de sa vie, devenu ermite, Sun Tzu rédige la version définitive de *L'Art de la guerre*, fort de ses expériences militaires.

Il existe également une version de l'histoire où Wu Zixu et Sun Tzu auraient étudié ensemble l'art de la guerre tandis qu'ils vivaient en ermites au bord du lac Taihu après leur rencontre dans le pays de Wu. Selon cette version, les deux traités auraient alors pu être conçus parallèlement.

Même s'il convient de ne pas trop s'attarder sur le sujet, les dates données dans le texte de Sima Qian étant peu fiables et surtout l'ensemble des évènements rapportés étant, nous l'avons vu, fortement sujet à caution, il est à ce stade intéressant d'observer que ce sujet de l'antériorité ou non du traité de Wu Zixu par rapport à celui de Sun Tzu ne semble pas faire l'objet de débats en Chine, les Chinois ne considérant pas les deux textes sur le même plan.

Rapidement, toute trace du traité de Wu Zixu disparait. La dernière attestée figure dans le *Livre des Han*[7] datant du Ier siècle ap. J.-C. Après cela, plus aucune mention du texte de Wu Zixu ne figure dans les inventaires de bibliothèques des différentes dynasties.

En 1983, des fouilles archéologiques ont mis au jour dans la province du Hubei[8], un tombeau datant de 186 av. J.-C. dont le défunt ne put être identifié. Le mode de construction de la tombe, en bois et en terre damée, avait permis une bonne conservation dans ce milieu humide. C'est ainsi qu'une grande quantité de textes sur lamelles de bambou fut découverte. Parmi lesquels :

– un calendrier ;
– un recueil de lois et de règlements ;
– un recueil d'affaires criminelles ;
– un manuel de calcul ;
– un inventaire ;
– quelques bribes (200 caractères) de ce que nous pourrions considérer comme un traité de tactique navale ;
– un ouvrage de politique et de théorie militaire, le *Helu*.

Bien que le traité de Wu Zixu soit aujourd'hui présenté sous le titre « L'Art de la guerre », son véritable intitulé était en réalité « Helu », du nom du

---

[7] Le *Livre des Han* (non traduit en français) est un classique d'histoire chinoise qui couvre l'histoire des Han occidentaux de 206 av. J-C à 25. Atteignant 100 volumes, il fut commencé par Ban Biao et fut achevé par son fils Ban Gu. Il est le plus ancien catalogue connu de classification des livres chinois.

Dans son treizième volume « *Arts littéraires* », il est fait mention de « dix parties et un rouleau de schéma de Wu Zixu ». La façon dont est présenté ce texte (sous lequel est noté le mot « mort ») fait dire aux spécialistes que Ban Gu ne l'a pas eu entre les mains.

[8] Et plus précisément le village de Zhang Jia Shan du district de Jiangling.

roi de Wu à qui Wu Zixu remit son traité. « L'Art de la guerre » ne fut que le titre donné pour la traduction en chinois moderne, en vue de faire écho au traité de Sun Tzu.

Cette formidable découverte n'a rien d'un fait unique : quelques années plus tôt, en 1972, une version de *L'Art de la guerre* de Sun Bin était de même apparue lors de fouilles archéologiques. Là également, on croyait le traité définitivement perdu. Si bien que l'existence même de Sun Bin était fortement mise en doute, et que de nombreux spécialistes avaient conclu que Sun Tzu et lui ne formaient qu'une seule et même personne ; cette découverte permit de clarifier la situation.

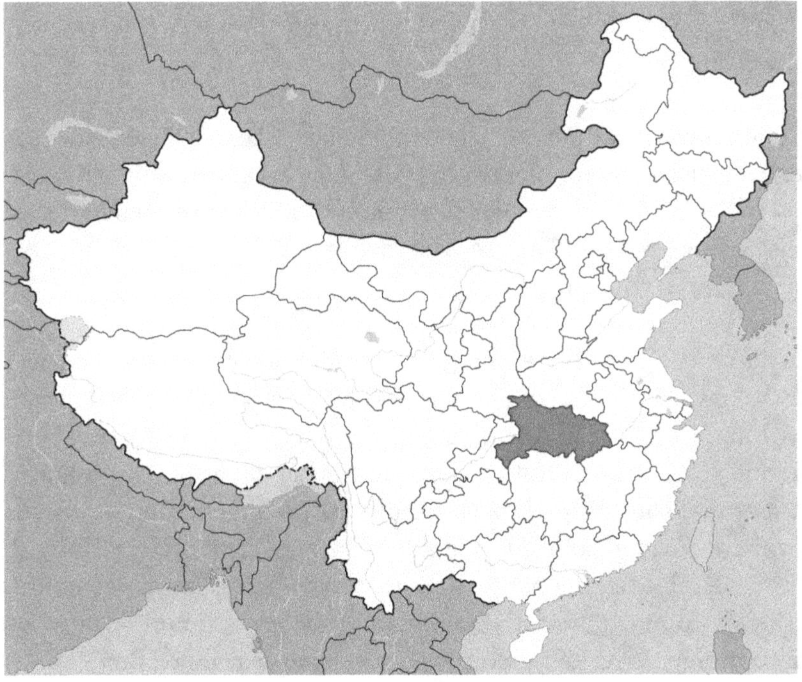

**L'actuelle province de Hubei (en noir)
où fut découvert le traité de Wu Zixu.**

Ne subsistaient du traité de Wu Zixu découvert que 55 lamelles de bambou de 30 cm de long. Les 2093 caractères lisibles se divisaient en 9 parties. Les archéologues pensent que le traité retrouvé était incomplet, mais ne sont pas en mesure de savoir quelle quantité est manquante. À titre de comparaison, le traité de Sun Tzu contient 7462 caractères, et celui de Sun Bin (également incomplet) 5913.

Si l'année d'enfouissement de la tombe qui contenait les lamelles de bambous est connue (186 av. J.-C.), il n'en va pas de même pour la date de rédaction du document enseveli. Les bambous étaient très endommagés et mirent des années à être exploités. Le traité ne fut rendu public qu'en 2001. Les caractères étant ceux d'origine, en chinois classique, le texte livré était peu compréhensible. Il fallut attendre 2003 (soit 20 ans après son exhumation) pour que le traité paraisse traduit en chinois moderne. Les 2093 caractères du chinois classique sont ainsi devenus 9129 caractères en chinois moderne[9]. Au moment de la parution du présent ouvrage, en 2017, *L'Art de la guerre* de Wu Zixu n'a pas encore été traduit hors de Chine (pas même en anglais).

Le commandant Jian Zhu, stagiaire chinois à l'École de Guerre de 2011 à 2012, a ébauché une traduction du traité dans le cadre de son mémoire de master. Avec son autorisation (qu'il en soit à nouveau remercié), nous avons repris et complété ses travaux pour livrer les éléments de traductions qui vont suivre.

Ni la découverte du traité en 1983, ni sa traduction en chinois moderne en 2003, n'ont été vécues comme une révolution en Chine. Et pour cause : dans l'Empire du Milieu, on retient de Wu Zixu qu'il fut un homme politique, oubliant qu'il fut également stratège et théoricien militaire. Il faut dire que son traité a été classé par les premiers archivistes dans la catégorie « ouvrage politique » et non « ouvrage militaire », réduisant de fait considérablement la portée de son œuvre : celle-ci a ainsi toujours été considérée comme l'un des innombrables textes politiques de la période, et non comme un traité militaire annonciateur de celui de Sun Tzu. Il est

---

[9] Le chinois classique (古文, *guwen*) renvoie à la langue chinoise écrite du premier millénaire avant J.-C. Le chinois littéraire (文言, *wenyan*) lui a succédé jusqu'au début du XXᵉ siècle, où il fut alors remplacé dans les écrits par le chinois vernaculaire (白話, *baihua*). Ce dernier est une langue véritablement différente des deux précédentes, et non une simple évolution.

vrai que lu seulement sous l'angle politique, le texte n'offre guère d'intérêt autre qu'historique.

Surtout, Wu Zixu a toujours été un personnage controversé : la morale chinoise lui a en effet vivement reproché sa fuite du pays de Chu, là où le « bon choix » aurait été d'aller mourir avec son père, comme le fit son frère ainé.

Cela explique probablement pourquoi la publication de son traité en 2003 demeura relativement discrète, et continue même d'être méconnue de nos jours en Chine.

L'Art de la guerre de Wu Zixu - Version en chinois moderne de 2003.

Un traité de guerre et de politique de forme classique

Le traité de Wu Zixu (abrégé en « le *Wu Zixu* ») est découpé en 9 chapitres (13 pour celui de Sun Tzu, « le *Sun Tzu* »). Le transcripteur en chinois moderne a pris la liberté de les nommer :

1. Diriger le peuple en dépendant de la loi objective du ciel et de la terre (la nourriture est essentielle à l'homme)
2. S'adapter au moment propice (rendre le pays prospère et développer une armée forte en profitant de la situation)
3. Déployer les troupes et combattre (principes d'opération sur diverses sortes de terrains)
4. Du combat meurtrier (choisir le moment propice pour attaquer l'ennemi en fonction des astres)
5. Du soleil, de la lune et des étoiles (choisir les lieu et moment optimaux du combat)
6. Du combat (plan général de mobilisation et de déploiement de l'armée pour attaquer l'ennemi)
7. De l'offensive (dix tactiques pour vaincre l'ennemi)
8. Préserver le peuple (épurer l'environnement politique)
9. Préconiser la vertu (traiter les affaires étrangères par la vertu)

Sur ces neuf chapitres, seuls cinq concernent la stratégie militaire (nos 3 à 7). Les quatre autres (nos 1, 2, 8 et 9) traitent plus spécifiquement de l'exercice du pouvoir. Sun Tzu ne traite quasiment pas de cette thématique, ne l'effleurant qu'au travers de deux courts passages[10] :

---

[10] Un troisième passage s'adressant au souverain peut se lire dans une – et une seule – des traductions de Sun Tzu, celle de Valérie Niquet :

> « *Grâce à la vertu (du souverain), le peuple est en accord avec ses dirigeants au point qu'il ne craigne ni de mourir ni de vivre pour eux.* » (Sun Tzu, chapitre 1 de la traduction de Valérie Niquet)

Toutefois, la plupart des autres traducteurs, à commencer par Jean Lévi, ne partagent pas cette interprétation, cantonnant le précepte aux chefs militaires :

> « *La vertu est ce qui assure la cohésion entre supérieurs et inférieurs, et incite ces derniers à accompagner leur chef dans la mort comme dans la vie,*

> *« La guerre est la grande affaire des nations ; elle est le lieu où se décident la vie et la mort ; elle est la voie de la survie ou de la disparition. On ne saurait la traiter à la légère. »* (Sun Tzu, chapitre 1[11])

> *« On n'entreprend pas une action qui ne répond pas aux intérêts du pays ; on ne recourt pas aux armes sans être sûr du succès ; on ne combat pas lorsqu'on n'est pas menacé. Un souverain digne de ce nom ne lève pas une armée sous le coup de la colère. [...] Si la joie peut succéder à la colère et le contentement à l'humeur, les nations ne se relèvent pas de leurs cendres, ni les morts ne reviennent à la vie. C'est pourquoi le souverain avisé se surveille et le grand général se contrôle. C'est de cette façon que l'on contribue à la sécurité de la nation et à la sauvegarde de l'armée. »* (Sun Tzu, chapitre 12)

Comme nous l'avons vu, le *Wu Zixu* contient 2 093 caractères, contre 7462 pour le *Sun Tzu* : presque quatre fois moins. Et seule la moitié traite de la conduite de la guerre. Sur ce strict périmètre, sujet du *Sun Tzu*, le *Wu Zixu* est donc environ huit fois moins long.

La présentation des deux traités diffère : alors que le *Sun Tzu* revêt une forme que nous qualifierions aujourd'hui de « classique », le *Wu Zixu* se présente comme un entretien entre le roi Helu et Wu Zixu. Cette forme est caractéristique des œuvres de la dynastie pré-Qin (avant 221 av. J.-C.), comme en témoignent les deux autres grands traités militaires de l'époque : celui de Wou Tseu et celui de Sun Bin. Le *Sun Tzu* est en cela étonnamment moderne car ne respectant pas cette forme alors conventionnelle. Nous retrouvons toutefois certaines formulations communes aux deux traités, comme le principe du questionnement :

> *« Il faut se demander : où se trouve le centre dans les espaces célestes ? Où se trouve l'origine des fleuves qui s'écoulent ? Qui peut arrêter par sa sagesse la catastrophe qui va arriver ? Qui peut*

> *sans crainte du danger. »* (Sun Tzu, traduction de Jean Lévi)

[11] La traduction utilisée est : Sun Tzu, *L'Art de la guerre*, traduction de Jean Lévi, 2015, éditions Fayard/Pluriel.

empêcher le pouvoir d'État de changer de mains ? Qui sait à quelle heure le malheur caché va arriver ? Qui peut se réjouir ne sachant quand le bonheur va arriver ? En un mot, il faut prendre l'Est comme gauche, l'Ouest comme droite, le Sud comme surface externe et le Nord comme masse interne. Tout cela correspond au moment propice. » (Wu Zixu, chapitre 1)

« *Il suffit [...] de se demander : Qui a les meilleures institutions ? Qui a le meilleur général ? Qui a les conditions climatiques et géographiques les plus favorables ? Qui a la meilleure discipline ? Qui a l'armée la plus puissante et les soldats les mieux aguerris ? Qui possède le système de récompenses et de châtiments le plus efficace ? La réponse à ces questions permet de déterminer à coup sûr le camp qui détient la victoire.* » (Sun Tzu, chapitre 1)

Quelques rares points demeurent obscurs. Par exemple, lorsqu'il énonce :

« *Si l'on veut gagner le monde, il faut d'abord chercher à avoir une armée forte : militariser tout le pays, préparer des armes et les meilleurs équipements, mobiliser partout les masses populaires et organiser une armée forte, organiser tout le pays en camps militaires.* » (Wu Zixu, chapitre 2)

Que prône-t-il exactement ? qu'il faut une armée de métier, ou simplement qu'il convient de mettre en place un service militaire qui permettrait de transformer le paysan du temps de paix en combattant en cas de guerre ? (Remarquons qu'une interrogation semblable apparait chez Sun Tzu avec la notion de troupes d'élite.)

Les thèmes traités par le *Sun Tzu* et la partie militaire du *Wu Zixu* ne se recouvrent pas strictement. Quelques sujets sont ainsi plus détaillés par l'un que par l'autre. Ainsi, les espions : si Wu Zixu évoque bien le principe du renseignement, il n'explicite pas comment l'acquérir alors que de son côté Sun Tzu disserte longuement sur le rôle des « agents ». À l'inverse, des idées abordées dans le *Wu Zixu* ne seront pas expressément reprises chez Sun Tzu, bien que présentant un fort intérêt :

« *Il est important de bien déterminer un objectif à attaquer.* » (Wu Zixu, chapitre 3)

Autre exemple : Wu Zixu évoque la formation du général, sujet passé sous silence chez Sun Tzu. Selon ce dernier, le général doit, à peu de choses près, être parfait, sans expliquer comment le devenir. Wu Zixu précise que le général doit réfléchir sur la place des cinq éléments (métal, bois, eau, feu et terre). Cela peut certes paraitre insuffisant pour comprendre comment l'on devient un grand chef militaire, mais la réflexion a au moins le mérite d'être amorcée.

La mort de Wu Zixu.

III
L'art de la guerre selon Wu Zixu

Le traité de guerre de Wu Zixu

La quasi-totalité des préceptes de Wu Zixu relatifs à la conduite de la guerre figurent dans les chapitres 3 à 7, les 4 et 5 abordent presque exclusivement les moments les plus opportuns pour attaquer en fonction des croyances chinoises : les astres, les saisons et les cinq éléments. Ces parties ne présentent de fait plus aucun intérêt pour le militaire contemporain. Les principaux enseignements intéressants de Wu Zixu sur le plan de la conduite de la guerre résident donc dans les chapitres 3, 6 et 7.

Un certain nombre de préceptes de Wu Zixu n'ont pas survécu à l'évolution de la guerre (comme ceux relatifs au combat en région montagneuse), mais quelques-uns conservent toutefois aujourd'hui encore leur pertinence. Nous retenons ainsi les principales recommandations suivantes :

- user de duperie ;
- façonner l'humeur de l'ennemi : démoraliser ses troupes, exciter son impatience, l'inquiéter, affaiblir son ambition, etc. ;
- éviter les forces principales de l'adversaire et ne frapper que ses points faibles ;
- éviter le combat lorsque l'ennemi est plein de mordant et ne l'attaquer que lorsqu'il est en situation de faiblesse ;
- toujours aller de l'avant (« avancer de dix lieues plutôt que de reculer dix pas ») ;
- ne pas disperser ses troupes ;
- être réactif et faire preuve de rapidité : déclencher l'attaque avant que l'ennemi ne soit prêt.

Wu Zixu souligne également l'importance du renseignement dans la prise de décision. Si son étude de la forme des colonnes de poussières soulevées par la marche de l'ennemi parait surannée[12], le stratège chinois délivre néanmoins des recommandations dictées par l'idée qu'il faut manœuvrer pour comprendre l'intention ennemie.

Nous présentons ci-dessous le passage à notre sens le plus intéressant de tout le traité. Il s'agit d'un large extrait du chapitre 7, relatif au combat :

Le roi Helu de Wu demanda : Quelle est l'heure la plus convenable pour déclencher une offensive contre l'ennemi ? Comment détermine-t-on l'instant pour qu'il ne soit ni tôt ni tard ? Comment détermine-t-on la position de l'attaque contre l'ennemi pour qu'elle ne soit ni trop en avant ni trop en arrière ? Dans quel cas peut-on ou non attaquer l'ennemi ?

Wu Zixu répondit :

1. *L'occasion optimale de l'attaque contre l'ennemi est quand l'adversaire ne s'implante pas bien. Leurs chevaux et bœufs qui transportent les vivres et munitions ne sont pas nourris, les troupes de marche sont en désordre. La fortification du front n'est pas solide, l'unité arrière n'est pas entrée au camp prévu, les soldats ne mangent rien et ont peur. Alors on peut effrayer l'adversaire en criant de toutes ses forces, déclencher une offensive générale d'une seule haleine, et vaincre l'ennemi en remportant une victoire totale.*

2. *Durant la phase d'attente, il faut camper sur sa position si la position ennemie est hermétiquement gardée ; ne pas prendre l'initiative d'attaquer tout de suite l'ennemi ; il faut attendre le relâchement de l'adversaire. Pendant ce temps-là, si l'ennemi nous attaque, il faut garder la position fermement en évitant la bataille ; il convient alors de faire semblant d'être incapable de répondre à un défi. Ainsi, retenir les troupes au lieu de les*

---

[12] Quoi que... Durant la Seconde Guerre mondiale, en Afrique du Nord, Rommel faisait tirer des herses derrière ses camions pour simuler les colonnes de poussières de chars...

engager dans un combat peut entraîner la précipitation de l'ennemi après plusieurs sorties de sa position. On réserve l'énergie pour combattre un ennemi épuisé. Il faut chercher le point faible de l'adversaire au cours d'une minutieuse observation, puis attaquer brusquement l'ennemi qui n'a pas la force de riposter.

3. *Quand l'ennemi est plus fort que nous, si sa position est effectivement plus forte, on peut présenter de fausses positions clairsemées sur notre ligne pour le tromper. Si l'ennemi se promène d'un air conquérant ou qu'il est rempli de confiance en lui-même, on peut faire semblant d'être faible et de se trouver dans une situation difficile pour endormir la vigilance. Si l'adversaire est orgueilleux avant la bataille, comme s'il était sûr de la gagner, on peut adopter la tactique d'une attaque par embuscade pour obtenir une possible victoire. Si on juge que l'ennemi ne connaît pas la situation réelle de notre armée et méprise présomptueusement celle-ci, on peut l'attaquer brusquement.*

4. *Si l'ennemi nous attaque, on peut l'attirer loin à l'intérieur de notre territoire, envoyer des groupes l'un après l'autre pour le désorienter, puis reculer plusieurs fois en simulant la défaite. L'ennemi finit par nous poursuivre quand il est persuadé de gagner, et ses troupes se précipitent en désordre. Nous déclenchons alors une attaque sur toute la ligne contre l'ennemi sans l'avoir planifiée. On laisse ainsi pénétrer l'ennemi en lui ôtant toute possibilité de repli.*

5. *Quand l'ennemi prend l'initiative d'une attaque devant nous, on doit tenir la position, sans attaquer ni reculer, pour attendre l'occasion. Quand le soleil se couche et que la nuit arrive, les ennemis qui hurlent durant la journée veulent se reposer. Le commandant ennemi donne l'ordre de retourner au camp, les soldats ont envie de s'y reposer. Notre armée doit alors saisir cette occasion favorable pour attaquer l'ennemi sans plus tarder. On peut interdire à l'ennemi de faire ce qu'il souhaite en adoptant cette tactique.*

6. *Quand les ennemis jettent furieusement de la nourriture en sortant du camp, on ne doit pas leur faire face. Parce qu'ils ont un moral excellent, on doit redoubler de vigilance pour se défendre et ne pas lutter directement contre eux. Quand les soldats de l'ennemi retournent au camp après le pillage, ils se réjouissent de leurs prises. Ils ne sont pas paniqués en approchant de la porte du camp. Lorsqu'une partie de l'ennemi est entrée au camp, on peut alors déclencher une attaque brusque contre la partie arrière de la troupe ennemie. Il est plus efficace de vaincre l'ennemi par cette tactique, du fait que notre armée se trouve toujours sur le qui-vive, et que l'ennemi a relâché son attention. L'issue du combat est évidente.*

7. *Quand l'ennemi prépare son retour au camp, notre armée ne doit pas l'attaquer immédiatement. Il faut attendre qu'une partie de l'ennemi soit entrée dans le camp, pour déclencher brusquement une attaque contre la partie arrière de la troupe ennemie. Quand la partie arrière de la troupe ennemie est attaquée, elle peut se montrer hésitante et avoir peur ; alors notre attaque s'en trouve plus forte et plus efficace pour anéantir l'ennemi. En adoptant cette tactique, on peut rendre le retour au camp prévu par l'ennemi beaucoup plus difficile.*

8. *Quand la puissance de combat est presque égale entre les deux parties, on ne doit pas combattre l'ennemi à tout prix. Il faut éviter l'attaque de front. La meilleure stratégie est de se replier. Quand l'ennemi se réjouit de ce qu'il prend pour un succès limité, on attaque brusquement sa partie arrière, on détruit ses moyens de transport et sa ligne de ravitaillement logistique, puis on peut déclencher une offensive sur toute la ligne de front après lui avoir fait perdre son soutien logistique. En adoptant cette tactique, on peut faire perdre tous les combats à l'ennemi.*

9. *Quand l'ennemi vient de loin, comme il fait chaud, il lui est difficile de s'habituer au climat et à la vie locale. Ses hommes contracteront certainement des maladies digestives. Donc, ses objectifs de guerre ne pourront être atteints.*

10. *Si l'ennemi attaque le milieu de notre armée, nous lui ferons face par la droite[13]. Si l'ennemi s'imagine nous vaincre très facilement, dans ces conditions, nous pourrons profiter de la situation et l'attirer par de petits avantages. Si l'ennemi s'enfuit à la suite de sa défaite, nous l'attaquerons par embuscade lors de sa fuite, et l'anéantirons complètement.*

Les dix tactiques énoncées permettent de vaincre l'ennemi.

Wu Zixu représenté en guerrier.

---

[13] Les évocations de la droite et la gauche, qui reviennent à plusieurs reprises tant dans le *Wu Zixu* que le *Sun Tzu*, proviennent du fait que les hommes armés d'épées tenaient également un bouclier. La plupart des individus étant droitiers, le bouclier était porté du côté gauche. Il fallait donc se mettre dans une configuration de terrain tirant partie de cette asymétrie. Les mêmes préoccupations de placement se retrouveront en Occident, par exemple au Moyen Âge où le sens des escaliers en colimaçon des châteaux forts est toujours dextrogyre (*ie* qui tourne vers la droite en montant) : l'assaillant, qui se trouve généralement en contrebas de l'escalier, est alors obligé de se contorsionner s'il veut utiliser son bouclier, contrairement au défenseur qui est, lui, idéalement placé.

Des idées étrangement similaires chez Sun Tzu

Nous avons vu que la liste des thèmes traités par le *Sun Tzu* et la partie militaire du *Wu Zixu* ne se recouvrait pas strictement. Toutefois, nombre de préceptes énoncés dans le *Wu Zixu* font directement écho à ceux du *Sun Tzu* :

Ne recourir à l'affrontement armé qu'en dernière extrémité :

> *« Conquérir par les armes, c'est la méthode qu'il ne faut employer qu'en dernier recours. »* (Wu Zixu, chapitre 1)

> *« Le mieux, à la guerre, consiste à attaquer les plans de l'ennemi ; ensuite ses alliances ; ensuite ses troupes ; en dernier ses villes. »* (Sun Tzu, chapitre 3)

Manœuvrer pour comprendre les intentions de l'ennemi :

> *« Disposer les troupes de façon visible pour sonder le jugement du commandant de l'ennemi et ainsi bien comprendre le but réel de l'ennemi. »* (Wu Zixu, chapitre 4)

> *« Examinez les plans de l'ennemi pour en connaître les mérites et démérites ; poussez-le à l'action pour découvrir les principes de ses mouvements ; forcez-le à dévoiler son dispositif afin de déterminer si la position est avantageuse ou non ; harcelez-le afin de repérer ses points forts et ses points faibles. »* (Sun Tzu, chapitre 6)

Manœuvrer pour mettre l'ennemi dans l'incertitude sur nos intentions :

> *« Créer des situations incertaines pour [...] troubler les plans de l'ennemi. »* (Wu Zixu, chapitre 4)

> *« Le général modifie ses objectifs, bouleverse ses plans et nul ne le devine. Il déplace ses bivouacs, varie ses itinéraires et déjoue toute prévision. [...] Il est comme le berger qui pousse son troupeau tantôt ici, tantôt là, sans que nul ne sache où il va. »* (Sun Tzu, chapitre 11)

Ne pas attaquer un ennemi en situation de force :

> *« N'interceptez pas un adversaire en formation rigoureuse, avec des étendards bien rangés. N'attaquez pas la position solide de l'ennemi. Ne déclenchez pas une offensive quand le moral de la troupe ennemie est excellent. »* (Wu Zixu, chapitre 4)

> *« Parce qu'il a un parfait contrôle de la manœuvre, il n'affronte pas des bannières fièrement déployées ni des bataillons impeccablement ordonnés. »* (Sun Tzu, chapitre 7)

User de duperie :

> *« Quand l'ennemi est plus fort que nous, si sa position est effectivement plus forte, on peut présenter de fausses positions clairsemées sur notre ligne pour le tromper. Si l'ennemi se promène d'un air conquérant ou qu'il est rempli de confiance de lui-même, on peut sciemment faire semblant d'être faible et de se trouver dans une situation difficile pour endormir la vigilance. Si l'adversaire est orgueilleux avant la bataille, comme s'il était sûr de la gagner, on peut adopter la tactique d'une attaque par embuscade pour obtenir une possible victoire. »* (Wu Zixu, chapitre 7)

> *« Capable, passez pour incapable ; prêt au combat, ne le laissez pas voir ; proche, semblez donc loin ; loin, semblez donc proche. Attirez l'adversaire par la promesse d'un avantage ; prenez-le au piège en feignant le désordre. [...] Attaquez là où il ne vous attend pas ; surgissez toujours à l'improviste. »* (Sun Tzu, chapitre 1)

De façon générale, même si Wu Zixu n'évoque pas explicitement la notion de **guérilla**, il en développe, à l'instar de Sun Tzu, nombre de principes qui peuvent s'y appliquer, comme le fait de chercher à désorienter l'ennemi, le séduire, l'attirer loin dans l'intérieur du territoire ami, frapper ses points faibles, exécuter des raids inattendus, etc.

Wu Zixu, tout comme Sun Tzu, consacre également de larges passages **aux réactions à adopter suite aux observations faites sur l'ennemi :**

> *« Quand les troupes ennemies marchent dans des campagnes, si brusquement il pleut fort, alors elles marcheront difficilement sur un*

chemin boueux. La nourriture manquera pour les gens et chevaux. Alors on peut déclencher une offensive sans plus attendre.

Si le temps est mauvais, qu'il fait trop froid ou trop chaud, et que les troupes ennemies marchent longtemps, quand elles sont fatiguées et ont faim, on peut déclencher une offensive sans plus attendre.

Si l'ennemi est moins nombreux et inquiet, ou qu'il est nombreux mais sans ordre, que son camp se trouve sur un terrain plat sans ouvrage de défense, qu'il est isolé sans unité de soutien, on peut déclencher une offensive sans plus attendre.

Si la force ennemie est nombreuse, mais qu'elle est en désordre, sans directives sérieuses sur le commandement et l'organisation, il existe une grande divergence entre les commandants. On peut déclencher une offensive sans plus attendre.

Si les troupes ennemies sont assez fatiguées, que leur moral est bas et difficile à rétablir rapidement, les commandants sont incapables de diriger. Alors on peut déclencher une offensive sans plus attendre.

Si, au crépuscule, les troupes ennemies marchent vite sans s'arrêter, mais que leur camp est encore éloigné, alors on peut déclencher une offensive sans plus attendre.

Si la situation militaire de l'ennemi est critique, qu'il a déjà donné l'ordre de reculer, que les ennemis sont paniqués sous la pluie battante, alors on peut déclencher une offensive sans plus attendre.

Si la force ennemie est moins nombreuse et dans une situation mauvaise, ses soldats seront faibles et hésitants, ils auront peur d'avancer et de reculer. Alors on peut déclencher une offensive sans plus attendre.

Agir en temps réel dans les dix cas susdits, c'est le secret pour vaincre l'ennemi et remporter la victoire pendant une opération militaire. »
(Wu Zixu, chapitre 6)

À mettre en perspective avec les propos de Sun Tzu :

« L'ennemi est proche et se tient coi : il compte sur sa position stratégique ; l'ennemi est loin et pourtant nous provoque : il veut nous attirer ; il campe sur un lieu dégagé : il cache quelque atout ;

les arbres remuent en grand nombre : l'ennemi avance ; de nombreux obstacles se dissimulent parmi les herbes : il se camoufle ; si les oiseaux s'envolent, il y a embuscade ; si les quadrupèdes fuient, il se prépare une offensive générale. [...] L'ennemi se montre humble et renforce son dispositif : il se prépare à l'offensive ; ses hérauts sont pleins de morgue et il fait mine d'avancer : il s'apprête à battre en retraite. Lorsque les chars légers commencent à sortir pour se ranger sur les flancs, l'adversaire se déploie en ordre de bataille.

L'ennemi demande la paix sans pourparlers préalables : il complote.

Il avance en toute hâte, rangé en formation de combat : il a prévu une jonction ; moitié il bat en retraite, moitié il se lance à l'assaut : il nous appâte.

Les hommes s'appuient sur la hampe de leurs armes : l'armée est minée par la faim ; les soldats de corvée d'eau se servent avant les autres : l'armée est tenaillée par la soif ; en dépit d'un avantage évident, les troupes renoncent à attaquer : l'armée est à bout ; un camp où les oiseaux se posent est vide ; celui où retentissent des clameurs nocturnes est habité par la peur ; là où les soldats causent des troubles, les officiers manquent d'autorité, des bannières qui vacillent signalent le désordre ; quand les officiers s'emportent, c'est qu'ils sont excédés ; quand l'ennemi donne du grain à ses chevaux et de la viande à ses hommes, quand il abandonne ses marmites et renonce à regagner ses campements, c'est qu'il est aux abois.

Le général a-t-il perdu la confiance de ses hommes ? on les voit se rassembler et échanger des messes basses. L'armée est-elle découragée qu'on multiplie les récompenses ; est-elle en mauvaise posture qu'on multiplie les châtiments. [...] Lorsque la partie adverse envoie des émissaires prendre des nouvelles, c'est qu'elle souhaite nous voir relâcher notre vigilance. Lorsque l'adversaire se porte à vos devants et tarde à engager le combat, sans toutefois se retirer, il convient de faire preuve de la plus grande circonspection. » (Sun Tzu, chapitre 9)

Pour les deux stratèges, cela va jusqu'à l'**analyse de la poussière**. Ainsi pour Wu Zixu :

> *« Au cours de l'opération militaire, il faut bien observer la disposition du front de l'ennemi, analyser le déploiement d'avance et de recul de l'adversaire, surtout observer attentivement et bien juger la poussière soulevée en route pendant le passage de l'ennemi, ainsi que la vapeur d'eau au-dessus de la troupe ennemie en marche en hiver.*
>
> *Le matin, au soleil levant, on peut observer la vapeur d'eau émise par la troupe ennemie en marche ; au crépuscule, on peut observer la poussière soulevée en route pendant le passage de l'ennemi. Si la vapeur d'eau et la poussière soulevées en route sont ordonnées comme nuage léger, il montre que la troupe ennemie est en bon ordre, on ne peut pas l'attaquer à la légère.*
>
> *Si la poussière soulevée est en désordre, en rouleau non droit, trouble et plus élevée, c'est le signe de la grande offensive ennemie, il faut redoubler de vigilance, traiter l'ennemi d'après la situation, organiser activement une offensive ou reculer tout de suite. »* (Wu Zixu, chapitre 6)

Chez Sun Tzu :

> *« De la poussière haute et droite signale une colonne de chars ; basse et évasée une armée de fantassins ; dispersée et en écharpe une corvée de bois ; rare et mobile les préparatifs d'un bivouac. »* (Sun Tzu, chapitre 9)

Enfin, tous deux consacrent des passages entiers à la **spécificité du combat en montagne et à proximité des cours d'eau.** Pour Wu Zixu :

> *« On peut attaquer et vaincre les troupes ennemies qui se déploient et stationnent sur un terrain élevé en hiver et sur un terrain bas en été. Si on stationne dans de **grandes montagnes**, on peut défendre fermement une position en exploitant l'avantage du terrain. Si on stationne en s'adossant à de grandes montagnes, on peut obtenir la victoire en exploitant l'avantage du terrain. Si on stationne devant de grandes montagnes, cela n'est pas favorable pour l'opération à cause du soleil qui éblouit. Si on stationne à droite de grandes montagnes, cela est favorable pour l'opération si on dispose d'un*

grand terrain pour pouvoir exécuter un mouvement tournant. Si on stationne à gauche de grandes montagnes et que l'on n'a qu'un petit terrain pour ce mouvement, il faut agir avec prudence.

*Si on stationne en s'adossant à un **grand fleuve ou à un lac**, le combat sera le plus meurtrier, il faut se préparer au sacrifice. Stationner face à un grand fleuve ou un lac est le lieu le plus favorable au combat. On peut renforcer la défense en utilisant les avantages naturels. Stationner avec à sa droite un grand fleuve ou un lac, c'est stationner sur un lieu où le combat est plutôt dangereux. Il faut rompre l'encerclement avec toutes ses forces quand on mène un combat sur cette zone dangereuse. Stationner avec à sa gauche un grand fleuve ou un lac, c'est stationner sur un lieu plutôt favorable au combat. On peut y engager une bataille en s'adaptant à la situation.* » (Wu Zixu, chapitre 3)

Étude similaire chez Sun Tzu :

*« Traversant les **montagnes**, on suivra les vallées et on choisira son camp à l'adret d'une hauteur ; on doit toujours chercher à combattre en position dominante et éviter d'avoir à monter à l'assaut. Telles sont les dispositions pour une armée en montagne.*

*On s'établira toujours à quelque distance d'un **cours d'eau** que l'on vient de traverser. Si l'armée adverse rencontre un fleuve dans sa progression, plutôt que de la combattre sur la rive opposée, attendez que la moitié de ses effectifs aient traversé pour attaquer. Si vous voulez livrer bataille, ne vous postez pas près de la rive, mais prenez position sur une éminence orientée au sud. Surtout, ne soyez jamais en aval de l'ennemi. Telles sont les dispositions à observer en milieu fluvial.*

[...]

*Une armée doit préférer les **terrains élevés** aux terrains bas ; elle prise l'adret et dédaigne l'ubac. Quand une armée a de quoi se nourrir et occupe des positions solides, elle se trouve à l'abri des maladies et peut être assurée de remporter la victoire.*

En présence de monticules ou de remblais, on s'établira sur le versant ensoleillé, en y appuyant son flanc droit.

[...]

*En cas d'averse sur le cours supérieur d'un **fleuve** que l'on veut traverser en aval, on ne franchira le gué qu'une fois la crue passée et l'étiage revenu à la normale. »* (Sun Tzu, chapitre 9)

Un portrait de Wu Zixu.

IV
L'art de la politique selon Wu Zixu

L'exercice du pouvoir

Après avoir vu comment Wu Zixu conduisait la guerre (chapitres 3 à 7), penchons-nous maintenant sur la question de l'exercice du pouvoir, traitée dans les chapitres 1, 2, 8 et 9.

Wu Zixu ne se limite pas dans ses réponses au strict cadre de la stratégie militaire. Il s'attache à resituer l'art de la guerre dans un contexte plus large, englobant le contexte social, politique et économique :

« Helu s'adressant à Shenxu (Wu Zixu) lui demanda : "Comment un prince échoue-t-il dans son gouvernement, comment y réussit-il ? Comment s'élève-t-il, comment s'abaisse-t-il ? En exerçant son autorité sur le peuple, quand lui faut-il être prudent et quand son action requiert-elle de l'obstination ? Pour se faire obéir, quelles sont les bonnes méthodes à utiliser et les mauvaises qu'il faut s'interdire ? Pour suivre la loi du Ciel, quelle conduite éviter, quelle conduite suivre ? Pour agir conformément à la vertu de la terre, quel modèle prendre, comment y parvenir ? Quand il ne reste plus qu'à employer les armes, quelle voie faut-il suivre ?"

Wu Zixu répondit : "En général, un prince qui est maître du monde échouera s'il ne suit pas la Voie, et s'élèvera par la Voie. Il se grandira en pratiquant la justice, mais s'abaissera en la ruinant. Pour gouverner, il faut pourvoir à la subsistance de son peuple, et punir les criminels avec sévérité. Gouverner par la vertu constitue le principe directeur. Pour que le peuple soit obéissant, il suffit de faire régner la paix, et le pays deviendra florissant. Quand au contraire le prince exerce son pouvoir par la menace, le pays courra à sa perte. Si un prince fait profiter le peuple [de ses bienfaits], le pays s'enrichira, mais s'il lui nuit, le pays courra à sa perte. Quant à la loi du Ciel, si le prince ne l'observe pas et s'y oppose, des malheurs surviendront, mais si le prince s'y conforme, le peuple vivra dans la félicité. Si le prince agit conformément à la vertu de la terre, à la saison venue les récoltes muriront à profusion et le peuple mangera à sa faim. S'il manque à son devoir, il mettra en péril son pays et ruinera l'autel du dieu du Sol. En règle générale, les stratagèmes dans lesquels interviennent les armes doivent être lancés à l'heure fixée par le Ciel, et à cette condition seulement la destinée royale sera couronnée de réussite et aucune calamité ne surviendra. Les phénix descendront du ciel, et le peuple ne connaîtra ni épidémie ni malheur, les « barbares » Man et Yi se soumettront à notre pouvoir, nous n'aurons plus de voleurs, les sages se multiplieront, les révoltes cesseront. Ainsi s'ouvrira une ère conforme aux vœux du Ciel." »[14]

Certaines idées de Wu Zixu méritent d'être soulignées :

- si le souverain accorde un réel intérêt au peuple, l'État pourra être prospère, mais si au contraire il le néglige, l'État subira un désastre ;
- la priorité du souverain consiste à nourrir le peuple ;
- l'État ne peut être prospère que quand la situation sociale est stable ; sinon l'oppression des dignitaires poussera le peuple à la révolte et l'État courra à la ruine ;
- le souverain doit exercer une politique basée sur la morale, faute de quoi il ne pourra contenir les troubles de son pays ; l'application du droit pénal est le dernier recours ;
- le souverain doit publiquement condamner les actions des mauvaises personnes qui nuisent à la société et à l'État, et les punir sévèrement afin d'épurer l'environnement politique de l'État ;
- le souverain doit convaincre le peuple que la guerre qu'il doit mener n'est pas de son fait mais résulte du manque de sens moral de l'ennemi.

---

[14] Traduction réalisée à notre intention par le sinologue français Alain Thote, et reproduite avec son aimable autorisation.

La vertu est un élément majeur de la pensée de Wu Zixu :

> *« Concernant la domination de l'État, il faut se conformer aux lois objectives et aux aspirations du peuple. C'est ce que l'on appelle le dao. En se conformant à cette loi, le pays sera prospère. Sinon le pays sera mort. Donc, si l'État respecte le dao, les chances qu'il soit prospère augmenteront de jour en jour. S'il relâche son attention à respecter le dao, ses chances s'écouleront jour après jour comme l'eau du fleuve. »* (Wu Zixu, chapitre 1)

Nous employons ici le terme de « vertu » pour parler du « dao ». Le dao (ou tao, 道 en chinois) est un concept sans équivalent en français. Les expressions utilisées pour faire percevoir sa signification sont nombreuses ; ainsi lorsque Sun Tzu emploie le terme dans le premier chapitre de son traité, chaque traducteur use d'une expression différente pour tenter d'en rendre au mieux le sens : « vision », « stratégie », « doctrine », « influence morale », « vertu », « idéologie », « justice », « sens moral », « politique », « justesse morale », ... La difficulté vient de ce que même en chinois, le dao a des acceptions diverses suivant les contextes : chemin, parcours, cycle, action, mouvement, principe ultime (voire Dieu), doctrine, discours, technique, etc...

Une grande partie du traité est ainsi consacrée à l'exposition des principes moraux :

> *« Il faut punir les dix brebis galeuses suivantes :*
>
> - *ceux qui ont la position supérieure et qui sont inaccessibles à la raison, ceux qui sont riches et ne veulent pas aider les pauvres, ceux qui sont égoïstes et ne veulent pas sauver les autres en cas de danger ;*
> - *ceux qui n'ont pas de piété filiale pour leurs parents, ceux qui ne respectent pas les personnes âgées ;*
> - *ceux qui n'aiment pas leurs jeunes frères et sœurs ;*
> - *ceux qui ne traitent pas les affaires selon la vertu ;*
> - *ceux qui malmènent et trompent les autres sur les prix au marché, ceux qui refusent de se corriger en dépit de multiples avertissements ;*

> - *ceux qui habitent à la campagne et qui ne respectent ni n'observent la loi et la discipline du village, ceux qui sont brutaux et présomptueux ;*
> - *ceux qui ne prennent pas leur responsabilité vis-à-vis de leurs enfants dans leur famille, ceux qui ont perdu les sentiments humains ;*
> - *ceux qui sont fonctionnaires et ne servent pas le peuple, ceux qui enfreignent la loi pour un pot-de-vin ;*
> - *ceux qui n'aiment pas le travail aux champs, ceux qui mènent une vie oisive ;*
> - *ceux qui agissent arbitrairement, ceux qui ourdissent souvent des complots et font passer le vrai pour le faux.*
>
> *Ce sont des mesures d'urgence pour sauver le peuple et secourir le monde que d'éliminer ces dix rebuts de la société. »* (Wu Zixu, chapitre 8)

Exposant un courant de pensée de la Chine ancienne, cette liste intéresse indubitablement l'historien, mais ne présente guère d'intérêt pour celui qui cherche dans le texte une stricte recette militaire.

Wu Zixu est si imprégné du respect de la vertu que cette absence de disposition chez un roi étranger suffit d'après lui à justifier de l'attaquer. Il est alors bien question ici de *jus ad bellum* : le droit de faire la guerre. Le chapitre 9 est d'ailleurs intégralement consacré au détail du manque de vertu d'un État voisin qui permet, voire impose, qu'on entreprenne une action militaire contre lui :

> *« En s'appuyant sur la vertu de notre pays, on peut attaquer les pays évoqués précédemment qui présentent la caractéristique de manquer de vertu ou de ne pas en avoir. Ces propositions d'attaque sont des moyens fondamentaux pour sauver le monde par la vertu. »* (Wu Zixu, chapitre 9)

Sun Tzu, a contrario, met en garde le général contre la vertu. En effet, d'après lui, tout chef de guerre qui montre des qualités donne prise à autrui. En ce sens, le général doit présenter aux autres le miroir poli du néant :

« On dénombre cinq traits de caractère qui représentent un danger pour un général : s'il ne craint pas la mort, il risque d'être tué ; s'il chérit trop la vie, il risque d'être capturé ; coléreux, il réagira aux insultes ; homme d'honneur, il craindra l'opprobre ; compatissant, il sera aisé de le tourmenter. Ces cinq traits de caractère sont de graves défauts chez un capitaine et peuvent se révéler catastrophiques à la guerre. C'est souvent à cause d'eux que les armées sont détruites et le général tué ; aussi doit-on y prêter la plus extrême attention. » (Sun Tzu, chapitre 8)

Une représentation de Wu Zixu.

L'importance des croyances

Une différence de fond existe entre Wu Zixu et Sun Tzu : la place accordée aux croyances et à la représentation cosmologique. Ainsi, Wu Zixu s'inscrit fortement dans la pensée de son époque :

> *« En se conciliant les quatre saisons et les cinq éléments, on peut conquérir le monde. »* (Wu Zixu, chapitre 2)

Certains passages du traité relèvent d'ailleurs presque du cours d'astronomie :

> *« Les principes essentiels du mouvement du monde sont les suivants : le ciel est supérieur comme le père, la terre est inférieure comme la mère ; le soleil, la lune et les étoiles sont le contour général, les vingt-huit constellations sont la référence des étoiles du ciel ; les sept étoiles de la Grande Ourse doivent servir de référence pour lire le reste des étoiles ; elles tournent sans fin. »* (Wu Zixu, chapitre 1)

Astronomie virant rapidement à l'astrologie :

> *« L'univers comprend cinq éléments : le métal, le bois, l'eau, le feu et la terre. Ils s'ordonnent, s'engendrent, se maîtrisent et se perpétuent. Comme tout le monde sait, yin et yang sont contraires, mais ils existent toujours ensemble. Par exemple, le ciel et la terre, l'eau et le feu, le soleil et la lune ; le ciel est supérieur comme la voûte céleste, la terre est inférieure en forme de carré, on ne peut pas les renverser. L'eau est la représentante des matières négatives de l'univers, le feu est le représentant des matières positives de l'univers, l'eau et feu sont incompatibles. Le soleil représente la vertu reflétant la bonté et la vie heureuse, la lune représente la peine reflétant les cruautés de la guerre. Le jour et la nuit sont tout à fait distincts. Donc, tous les représentants (le ciel et la terre, le soleil et la lune, l'eau et le feu) se rassemblent et forment le moment propice des quatre saisons (printemps, été, automne et hiver) ; si on les divise et les analyse indépendamment, ils contiennent respectivement le caractère de se perpétuer parmi les cinq éléments (métal, bois, eau, feu et terre). »* (Wu Zixu, chapitre 2)

La quasi-intégralité des chapitres 4 et 5 traite ainsi des moments les plus opportuns pour attaquer en fonction des signes astrologiques (les astres, les saisons, les cinq éléments) :

> *« Quand la vertu qui représente la joie se trouve dans la position de terre des cinq éléments, on peut combattre l'ennemi. »* (Wu Zixu, chapitre 4)

> *« Quand l'ennemi lance un défi à l'ouest qui représente le métal, on se dispose sur le terrain au sud qui représente le feu pour accepter le défi de l'ennemi. »* (Wu Zixu, chapitre 4)

> *« Quand l'étoile Zhuque, l'une des sept étoiles situées au sud de l'espace céleste, se trouve en face du sens de l'attaque, et que l'étoile Tiangu se trouve à l'arrière, on peut combattre l'ennemi. »* (Wu Zixu, chapitre 4)

> *« Vénus a sa lumière la plus forte en automne, du fait que le métal maîtrise le bois, on peut attaquer l'ennemi à l'est qui représente le bois. »* (Wu Zixu, chapitre 5)

On constate que cette imprégnation d'astrologie se retrouve aussi ailleurs dans le *Wu Zixu* :

> *« Quand notre pays fait une expédition punitive contre un pays sans vertu cité ci-dessus, il faut respecter la loi des quatre saisons et des cinq éléments : pendant le mois de mars au printemps, Gen-Xin, qui représente le métal, l'astre principal est Vénus, ne pas attaquer à l'ouest. Pendant le mois de juin en été, Ren-Gui, qui représente l'eau, l'astre principal est Mercure, ne pas attaquer au nord. Pendant le mois de septembre en automne, Jia-Yi, qui représente le bois, l'astre principal est Jupiter, ne pas attaquer à l'est. Pendant le mois de décembre en hiver, Bing-Ding, qui représente le feu, l'astre principal est Mars, ne pas attaquer au sud. »* (Wu Zixu, chapitre 9)

Nous trouvons également dans le *Sun Tzu* des considérations astronomiques, mais le souci est alors plus météorologique qu'astrologique :

> *« Il existe des périodes favorables et des jours propices pour allumer des incendies. [...] Pour ce qui est des jours, on choisira ceux où la Lune se trouve dans les constellations du Van, du Mur, des Ailes ou*

la Caisse du Chariot ; ces quatre constellations commandent des jours de grand vent. » (Sun Tzu, chapitre 12)

Le système pragmatique et positiviste de Sun Tzu rejette les croyances de Wu Zixu. Pour Sun Tzu, la conception de l'opération ne doit pas reposer sur les prévisions astrologiques ; il n'y a pas de « mandat du Ciel » :

> *« La prévision ne vient ni des esprits ni des dieux ; elle n'est pas tirée de l'analogie avec le passé pas plus qu'elle n'est le fruit des conjectures. Elle provient uniquement des renseignements obtenus auprès de ceux qui connaissent la situation de l'adversaire. »* (Sun Tzu, chapitre 13)

> *« Faites taire les rumeurs, proscrivez les sorts et vos hommes vous suivront jusque dans la mort. »* (Sun Tzu, chapitre 11)

Le point de vue des deux stratèges diverge donc sur la méthodologie de la prévision militaire. Gardons toutefois à l'esprit que si Wu Zixu accorde une véritable place aux croyances et en détaille les modalités, son système attribue une place plus grande encore à l'expérience acquise par le général comme facteur de succès, facteur non traité par Sun Tzu.

Conclusion

Wu Zixu, Sun Tzu, ...

Le traité de Wu Zixu apparait manifestement moins moderne que celui de Sun Tzu. Son antériorité par rapport à ce dernier pourrait l'expliquer, le texte de Wu Zixu étant en effet susceptible d'être un proto-*Art de la guerre*. S'il est prévisible que Wu Zixu ne marquera pas le grand public à l'aune de l'engouement actuel pour Sun Tzu, la connaissance de ce personnage et de ce qu'il a écrit apporte un éclairage intéressant dès lors que l'on s'intéresse à la genèse de ce monument qu'est devenu *L'Art de la guerre* de Sun Tzu.

Notre souhait était de faire prendre conscience de l'importance de la découverte archéologique de 1983. Pour cela, nous avons livré cette étude que nous savons très imparfaite, mais qui est à cette heure la toute première en langue française sur le sujet. Nous en connaissons ses nombreuses limites. Mais nous espérons qu'ainsi livrée, elle sera critiquée et dépassée.

L'écriture de cette biographie a représenté une gageure, car nous disposons d'aussi peu d'éléments concrets sur Wu Zixu que sur Sun Tzu. L'histoire mythifiée est même largement entretenue par les Chinois et propagée, voire officialisée, par Internet. Pourtant, peu de certitudes existent sur ces deux hommes, si ce n'est la présence bien concrète de leurs traités respectifs. Si celui de Wu Zixu ne présente de réel intérêt que pour le spécialiste, *L'Art de la guerre* de Sun Tzu est à bien des égards un texte fascinant : largement imparfait, chaotique, il ne retiendrait aujourd'hui l'attention de personne si son auteur était contemporain. Mais Sun Tzu est mort il y a près de 2500 ans, et les notions qu'il a couchées par écrit l'étaient pour la première fois. Ou pas ! comme ont tenté de le montrer les mises en parallèle présentées précédemment...

Répétons-le : le présent opuscule n'a pas la prétention de faire le tour de la question de Wu Zixu et de son rapport à Sun Tzu. Nous n'avons pas de velléité à nous prétendre sinologue : le texte présenté ici n'est que le fruit du « choc » ressenti à la découverte de l'existence du traité de Wu Zixu par la lecture du mémoire du commandant Jian Zhu. Puisse-t-il contribuer à la parution d'une traduction complète et commentée du traité ainsi qu'à une véritable étude de son auteur.

Le mémorial de Wu Zixu à Suzhou.

Repères chronologiques

- **-2852/-2205 :** Époque chinoise des souverains mythiques.

- **Entre -850 et -750 :** L'*Iliade* et l'*Odyssée* d'Homère.

- **-722/-476 av. J.-C. :** Période chinoise des « Printemps et Automnes ».

- **-590/-531 :** Dates traditionnelles de la vie de Lao Tseu.

- **-559/-484 :** Dates traditionnelles de la vie de Wu Zixu.

- **-551/-479 :** Dates traditionnelles de la vie de Confucius.

- **-544/-496 :** Dates traditionnelles de la vie de Sun Tzu.

- **-514/-496 :** Règne du roi Helu.

- **-512 :** Wu Zixu remet son traité au roi Helu.

- **Ve siècle av. J.-C. :** Apparition du bouddhisme en Inde.

- **-476 à -221 :** Période chinoise des « Royaumes combattants ».

- **IVe siècle av. J.-C. :** Traité sur *La Poliorcétique* du Grec Énée le Tacticien.

- **IVe siècle av. J.-C. :** Date probable de vie réelle de Sun Tzu et de la composition de *L'Art de la guerre*.

- **IVe ou IIIe siècle av. J.-C. :** *Arthashâstra* de Kautilya.

- **-316 :** Mort de Sun Bin.

- **-239 :** *Annales des Printemps et des Automnes de Lü* de Lü Buwei.

- **-221 :** Unification de l'Empire chinois (dynastie de Qin).

- **-109 à -91 :** Écriture des *Mémoires historiques* de Sima Qian.

- **0 :** Début de l'ère chrétienne en Occident.

- **111 :** Fin de l'écriture du *Livre des Han*.

- **1532 :** *Le Prince* de Machiavel.

- **1772** : Parution de la toute première version occidentale du traité de Sun Tzu (traduction française du père Amiot).

- **1832** : *De la guerre* de Clausewitz.

- **1963** : Parution de la traduction anglaise par Samuel Griffith de *L'Art de la guerre* ; cette traduction marquera le début de la diffusion de Sun Tzu en Occident.

- **1971** : Première traduction de *L'Art de la guerre* en français depuis celle du père Amiot (aux éditions L'impensé radical).

- **1972** : Découverte d'un exemplaire du traité de Sun Tzu datant début du IIe siècle av. J.-C. et d'un exemplaire du traité de Sun Bin.

- **1983** : Découverte d'un exemplaire du traité de Wu Zixu.

- **2001** : Parution du texte originel du traité de Wu Zixu.

- **2003** : Traduction du traité de Wu Zixu en chinois moderne.

- **2012** : Mémoire du commandant Jian Zhu.

Bibliographie

Les sources primaires :

- SIMA (Qian), *Vies de Chinois illustres*, traduction de Jacques Pimpaneau, You Feng, 2009. Ce même ouvrage existe aussi aux éditions Picquier Poche, 2002. Les textes qui nous intéressent peuvent également être trouvés dans la grande compilation des écrits de Sima Qian parue aux éditions You Feng : SE-MA (Ts'ien), *Les Mémoires Historiques*, You Feng, 2015.

- LÜ (Buwei), *Printemps et automnes de Lü Buwei*, traduction de Ivan P. Kamenarović, éditions du Cerf, 1998.

- *Le Livre des Han* : Non traduit complètement en français. Des passages peuvent toutefois en être trouvés dans PIMPANEAU (Jacques), *Anthologie de la littérature chinoise classique*, Philippe Picquier, 2004.

Les sources secondaires :

- PIMPANEAU (Jacques), *Chine, histoire de la littérature*, Philippe Picquier, 2004.

- LI (Zhiqing) et LI (Weimin), *L'Art de la guerre - Sun Tzu*, bande dessinée en 10 volumes, éditions du Temps, 2006.

- ZHU (Jian, Commandant), de l'armée de terre chinoise, Mémoire du master II de « stratégie et histoire » : *L'Art de la guerre "GAI Lu" de WU Zi Xu*, 2012 (non disponible).

Les sources primaires en chinois :

- Groupe de l'arrangement des lamelles de bambou du tombeau n°247 de la dynastie des Han de Zhangjiashan (张家山二四七号汉墓竹简整理小组), *Lamelles de bambou du tombeau de la dynastie des Han de Zhangjiashan* (张家山汉墓竹简 (二四七号墓)), maison d'édition du patrimoine culturel (文物出版社), 2001.

- WU (Zixu), *Gai Lu* (伍子胥兵法破解), traduction de Chen Yu (陈宇), Pékin, éditions de l'institut de science militaire (军事科学出版社), 2003.

Les ouvrages de référence cités :

- SUN (Tzu), *L'Art de la guerre*, traduction de Jean Lévi, Hachette, 2000 (réédition 2015 aux éditions Fayard/Pluriel).

- COUTAU-BÉGARIE (Hervé), *Traité de stratégie*, 7e édition, Economica, 2011 (1re édition : 1999).

- COUDERC (Yann), *Sun Tzu en France*, Nuvis, 2012.

- COUDERC (Yann), *Qui suis-je ? Sun Tzu*, Pardès, 2017.

Les autres titres cités :

- SUN (Zi), *L'Art de la guerre*, traduction de Valérie Niquet, version corrigée de 2012 (première version : 1998), Economica.

- SUN (Bin), *Le Traité militaire*, traduction de Valérie Niquet, Economica, 1996.

- WOU (-tseu), *Le Traité militaire de Maître Wou*, in (LÉVI) Jean, *Les Sept Traités de la guerre*, traduction de Jean Lévi, Hachette, 2008. Le traité de Wou Tseu peut également être trouvé dans Wu Ch'i, *Note sur Wu Ch'i*, in SUN (Tzu), *L'Art de la guerre*, traduction française de Samuel Griffith, traduction française de Francis Wang, Flammarion, 1972 (réédition 2008).

Source des illustrations

Les illustrations de cet ouvrage proviennent toutes d'Internet :

- Un portrait de Wu Zixu (Illustration de couverture)
  http://www.360doc.com/content/16/0612/03/20660030_5670029
  03.shtml

- Wu Zixu dans une série chinoise (Introduction)
  https://kknews.cc/history/k24vpp.html

- Carte de la Chine au Ve siècle av. J.-C. (I.1)
  https://commons.wikimedia.org/wiki/File:Chinese_plain_5c._BC-
  fr.svg

- Carte de l'actuelle province de Jiangsu (I.1)
  https://commons.wikimedia.org/wiki/File:China_Jiangsu.svg

- Wu Zixu et Sun Tzu dans le manhua *Sun Tzu - L'Art de la guerre*
  (volume 3) (I.1)
  Scan de l'auteur

- Une estampe japonaise de Tsukioka Yoshitoshi (1887) sur la fuite de
  Wu Zixu (I.2)
  https://www.wdl.org/fr/item/15214/

- Carte de l'actuelle province de Hubei (II.1)
  https://commons.wikimedia.org/wiki/File:China_Hubei.svg

- *L'Art de la guerre* de Wu Zixu (II.2)
  http://product.dangdang.com/8715921.html

- La mort de Wu Zixu (II.2)
  http://www.cultural-
  china.com/chinaWH/html/en/History1672bye3007.html

- Une représentation de Wu Zixu guerrier (III.1)
  http://culture.datangtimes.com/%E4%BC%8D%E5%AD%90%E8%83%A5

- Un portrait de Wu Zixu (III.2)
  http://club.china.com/data/thread/1015/2720/07/10/9_1.html

- Une représentation de Wu Zixu (IV.1)
  http://jadeturtlerecords.blogspot.fr/2011_06_01_archive.html

- Le mémorial de Wu Zixu à Suzhou (Conclusion)
  http://mapio.net/pic/p-16570782/

- Une statue de Wu Zixu (Source des illustrations)
  https://zh.wikipedia.org/wiki/%E4%BC%8D%E5%AD%90%E8%83%A5#/media/File:Suzhou_-_Statue_of_Wu_Zixu_at_Pan_Men.jpg

- Statue de Wu Zixu à Suzhou (Annexe)
  http://engfamily.org/wu-zixu-memorial-garden-at-suz

Une statue de Wu Zixu.

Annexe : Le traité de Wu Zixu en chinois moderne

(Source : mémoire du commandant Jian Zhu)

第三章 伍子胥《盖庐》兵法全文

一、循天行地治民篇——民以食为天的大道理

盖庐向伍子胥问治理国家的军政方略，说：我有以下六个问题，请你能给予解答。

一是关于国家的治理，古往今来，阅尽多少朝代的兴衰历史，为什么有的国家会很快毁灭，有的国家则国运亨通，世代昌盛？为什么有的国家会兴旺发达，有的国家则衰微败落？

二是关于治理民众的方法，如何才能谨慎行事，如何才能固守这来之不易的大好江山？

三是关于使用民众的方法，哪些需要引起我们的警惕别家的不足和教训在哪里，值得我们借鉴的优长和经验又在何处？

四是关于如何遵循天时的运行规律，什么情况下可以不必去计较理会，什么情况下则必须坚决贯彻遵行？

五是关于如何顺行地理的德政，有什么样的规范法则，又有什么样的极限尺度？

六是关于用兵作战的最佳方法，如何才能让将士们绝对服从？

伍子胥回答说：

首先，凡是治理国家，是有一家规律可遵循的，这就是要顺应民心，称之谓"道"。不遵循这一规律，国家就会走向毁灭；遵循这一规律，国家就会繁荣昌盛。倡行道义，国运则蒸蒸日上；废弛道义，国运则江河日下。

其次，关于治理民众的最根本方法，以解决他们的吃饭问题为第一要务，这是治理天下的法宝，主要的方法是能使民众休养生息。只有在社会安定下来后，国家才能繁荣昌盛，否则，官逼民反，国家就会自取灭亡；给老百姓以实际利益，国家就会富裕起来；若施害危及于百姓，国家必将最终遭殃。

第四，做事要依天之时，逆之而动就会有灾祸降临，顺之而行则得福有利。

第五，做事要遵循地之理，得日月之地利就会五谷丰登，年年有余，老百姓饱食无虑，国泰而民安。如果既失天时，又失地利，必然会危及国家社稷江山，大厦将倾。

第六，关于用兵作战谋略，必须先得天时。只有这样，才能成就王霸之名，隐患和祸害就不会自行找上门来，象征吉祥的凤凰会飞落到门前，没有疾病和自然灾害，周邻邦国臣服于我国并与之和睦相处，国内没有强盗和偷摸之窃贼，社会贤达人才辈出，社会诚信风气盛行，社会暴乱销声匿迹。社会只有达到了这样的境界，才能称谓是顺应了天时。

黄帝在当年之所以能征服天下，其主要方略有以下四条：首先就是崇尚道义，诚信为上，顺应民心；第二是用女色，以柔克刚，巧妙地降服对方；第三是德行好，以自身的感召力号令四方豪杰；最后一条才是使用兵戈武力征服，这是在迫不得已的情况下使用的方法。如此使用以上四种方略，就可使天下百姓诚服而安居乐业，使匪盗贼人伏法而社会安定。建立一个国家，执政于当今诸侯争霸的年代，就要以这四种方略为辅佐政权的谋略，只有这样才能达到王霸天下的权力极致，通行于天地四时，进入金、木、水、火、土这五行的良性循环中。

太阳是大地的坐标，月亮是高天的准则，治理天下百姓同样也要有规章可遵行，防止那些危及社稷江山的违法之徒不服从统治和管理。天地运行的基本法则是：天在上为父，地在下为母，日、月、星三辰为总纲，二十八宿为天空群星的定位法度，北半星为测星大地的准绳，它们周而复始地转动，没有终极。试问：天宇莽苍苍，何处是中央？江河奔流而下，谁知从何处开始？大祸即将临头，谁的智慧能将其终止？如果天数注定如此要夺其江山，谁能加以制止？祸灾已伏，谁又能知道究竟在何时爆发？而福气降临之处，不知谁能为之喜形于色？总之，要以东方为左，以西方为右，以南方为表，以北方为里，这就是所谓的顺应了天时之道。社会动乱预示着国家将要破亡，只有切实对社会进行有效地治理，才能真正实现人们所希望的长治久安。

二、顺应于时篇——强军富国应顺势而动

盖庐又向伍子胥问道：你刚才讲了这么多，尤其讲到天时在治理国家、平定天下中有着极其重要的作用，那么，什么是天时呢？希望你能具体地讲一讲。

伍子胥回答说：要想争霸天下，首先，必须实行强兵政策，全国军事化，全民皆兵，制造良好的兵器和装备，千里江山千里为营，把所有的人力都动员起来，编成有组织的武装力量，使国家真正强盛起来。其次，必须实行富国政策，鼓励农耕，把全国的土地都变成粮仓，使人民真正富裕起来，打起仗来后可以在全国任何一个地区都能建立粮草供应基地。

一年中有春、夏、秋、冬四个季节，万物可概括为木、火、土、金、水五行，它们之间依序更替，相生相克。众所周知，有阴必有阳，有阳必有阴，较为典型的事物莫过于天与地、水与火、日与月：高天在上如圆盖，大地在下呈方形，这上下顺序不能颠倒；水是万物中阴性物质的代表，火则为万物中阳性物质的代表，水火不相容；太阳代表的是预示着有庆赏喜事的德的一个方面，月亮代表的是预示着有战事杀戮的刑的另一个方面，这白昼与黑夜泾渭分明。以下所说天地、日月、水火诸方面代表汇聚在一起，形成了春、夏、秋、冬四个季节之天时，而如果将它们分开单独看，它们则分别蕴含着木、火、土、金、水这五行相克的特点。顺应"四时、五行"就可王霸天下，逆"四时、五行"而动就会人亡政息，这就是天时。

三、处军作战篇——各种地形行军作战的原则

盖庐向伍子胥问如何治军的方略，说：军事行动，如何行军，如何驻扎？

伍子胥回答：在军事行动中，选择作战对象和选择地形很重要。对于在冬天行军、驻扎在高地，夏天行军、驻扎在低洼之地的敌军，我军就可以大胆地去攻击它，去战胜它。我军在高山大岭驻扎军队，可凭借其地势顽强固守；如果是背靠高山大岭驻扎军队，可凭借其有利地势而取得胜利；如果是在前面高山大岭的地方驻扎军队，就会在迎着眩目的阳光环境下作战，这样就不利于作战；如果是在右靠高山大岭的地方驻扎军队，作战的回旋余地则大，这样做就有利于作战；如果左靠高山大岭的地方驻扎军队，作战的回旋余地就小多了，在这种情况下需要谨慎从事。如果背靠大河湖泊驻扎军队，是谓绝地作战，要有拼死的准备；如果前靠大河湖泊驻扎军队，是谓重地作战，可凭借其天险增强防守；如果右靠大河泊驻扎军队，是谓危地作战，在这种危机四伏的地形上作战，要倾其全力突围；如果左靠大河湖泊驻守军队，是谓顺地作战，可就地顺势行军作战。军队无论在驻扎或行军作战，切忌分散用兵、兵力不集中，切忌优柔寡断，该进不进，该退不退；要有积极进取态势，宁可向前赶十里远，也不向后退十步迟。这是行军作战的基本方法。

四、背生击死篇——依据天象选择吉日良辰出击击制胜

吴王盖庐问：举凡作战都有顺境、逆境，怎样筹谋才能使我军处于顺境而避免逆境？在什么情况下发起进攻与敌交战，在什么情况下又组织后退呢？

伍子胥回答：作战是有基本规律的。

第一，正确选择作战对象。如敌军在冬天时处于高山大岭，夏天时处于低洼沼泽之地，我军在这时就可以大胆地去攻击它，如此选择作战对象就可取得胜利。

第二，正确选择与敌交战的时节和天时。我认为：一是在夏季应选择麦熟时节与敌交战；二是在秋季应选择树叶变黄凋落的时节与交战；三是在冬天选择天寒地冻、瑞雪飘洒的时节与敌交战；四是预示喜庆的"德"在五行之"土"这个方法上时可以与敌交战；五是预示喜庆的"德"在五行之"木"的方位上时可以与敌交战；六是预示喜庆的"德"在五行之"金"的方位上时可以与敌交战；七是在白天以太阳所在位置为标准，所选择的作战出击方向应是背着阳光，以避免阳光眩目，这样做就可以与敌作战；八是在夜晚以月亮所在位置为标准，所选择的作战出击方向应是背着月光，让月光照亮敌人的行踪，这样做就可以与敌作战。这即是正确把握天时发起进攻的八个有利时辰。

第三，星象上顺应天时。当东方升起太岁星，西方出现金、木、水、火、土五行之星时与敌交战；当出击方向的前方出现南方七宿之一的朱雀星，后方出现天鼓星时，可以与敌交战；当出击方向的左方出现东方七宿之一的青龙星，右方出现西方七宿之一的白虎星时，可以与敌交战；当北斗第七星招摇星转动位于北斗星上方，我军布阵方向在其星后时，可以与敌交战；壹左壹右，壹逆再背，可以与敌交战。这五种可以交战的情况即是在星象上顺应了天时。

第四，战术上出奇制胜。一是擂鼓造势于暗处，以混淆敌军的听觉，攻击敌军的通讯联络等言路；二是布兵列阵于明处，以试探敌方将帅的判断力，辨清敌军的真实意图；三是故意制造疑惑，大摆迷魂阵，为了是搞乱敌军的用兵布阵；四是不要在半路上截击旗鼓井然、队伍严整的敌行军部队；五是不要进击敌军设防周密、工事坚固、阵容堂皇、实力强大的敌军阵地；六是不要在敌军士气蓬勃、情绪高涨时发起攻击。这就是用兵作战常见的用奇之术。

第五，根据月相选择进攻时机。一是金星与月亮运行在一起时，可以与敌军交战；二是火星与月亮运行在一起时，可以与敌军交战；三是

白昼间，太阳和月亮运行在一起发生日食时，可以与敌军交战；四是在夜晚，月亮和太阳运行在一起发生月食时，可以与敌军交战。月亮在天象上发生以上四种亏缺情况时，我军向敌军发起进攻，每战必胜。

每六，选择吉日良辰确定具体作战方向。丁、壬日的丙午（11时至13时前）、丁未（13时至15时前）时可以向西方作战；戊、癸日的壬子（23时至1时前）、癸亥（21时至23时前）时可以向南方作战；戊、癸日的庚申（15时至17时前）、辛酉（17时至19时前）可以向东方作战；甲、己日的戊辰（7时至9时前）、己已（9时至11时前）时可以向北方作战。这是选择作战时机的八个吉日良辰。

第七，正确决定战场的设置和迎击敌军的方向。一是当敌军在代表"金"的西方兴兵挑起战事时，我军则在代表"火"的南方设置战场，迎战敌军；二是当敌军在代表"火"的南方兴兵挑起战事时，我军则在代表"水"的北方设置战场，迎战敌军；三是当敌军在代表"水"的北方兴兵挑起战事时，我军则在代表"土"的四方之中间位置设置战场，迎战敌军；四是当敌军在代表"土"的中间位置兴兵挑起战事时，我军则在代表"木"的东方设置战场，迎战敌军；五是当敌军在代表"木"的东方兴兵挑起战事时，我军则在代表"金"的四方设置战场，迎战敌军。这是应用金、木、土、水、火五行相克的道理来确定战场的设置和迎击敌军的方向。

第八，不同季节选择不同的出兵方向。在春天兴兵举事，应选择向西方出击；在夏天兴兵举事，应选择向北方进击；在秋天兴兵举事，应选择向东方进击；在冬天兴兵举事，应选择向南方进击。如此背靠生地而向死地出击，是一年四个季节中分别取得胜利的基本战法。

五、星辰日月篇——选择最佳攻击方位和出击时间

吴王盖庐问：对敌作战的进攻战法，总体上说怎样才能获得胜利，喜讯频传；反之，咎由自取的失败原因又在何处？

伍子胥回答：一般说来，对敌作战的进攻战法，德和义是最基本的守则。强者为上，无论是太阳、月亮，还是众星辰，都以争胜一份光为首要存在的价值。春夏秋冬一年四季，金土水火五行，也都是以争胜于一时而周而复始，相生相克。

第一，关于五行之道。太白星又称金星，在秋天时的光线最强，因为金克木，所以在这时可以向属水的东方之敌发起攻击；岁星又称木星，在春天时的光线最强，因为木克土，所以在春天时可以向属土的本地之敌发起攻击；殄星又称土星，在六月间的光线最强，因为土克水，所以在这时可以向属水的北方之敌发起攻击；相星又称水星，在冬天时的光线最强，因为水克火，所以在这时可以向属火的南方之敌发起攻击；荧惑星又称火星，在四月间的光线最强，这时可以向属金的西方之敌发起攻击。以上战法是应用了金木土水火五行相生相克的道理。

第二，关于四时之道。秋天生阳，木则死于阴，所以在秋天可以向东方兴兵进攻作战；春天生阳，金则死于阴，所以在春天可以向西方兴兵进攻作战；冬天生阳，火则死于阴，所以在冬天可以向南方兴兵进攻作战；夏天生阳，水则死于阴，所以在夏天可以向北方兴兵进攻作战。以上战法是应用了春夏秋冬四季轮回更替的道理。

　　第三，关于日月之道。地檀连续八天，日檀连续八天，阴天不见太阳连续有十二天，在这三种情况下皆可以向敌人发起进攻。以上战法是应用了日月轮回的道理。

六、攻军回众篇——调动我军攻战敌军的基本方略

吴王盖庐问：军事行动中调动我军攻战敌军，对于什么样的敌军部队，我军可以对阵发起攻击，对于什么样的部队却只能避阵而不战？怎样做就能取得胜利而得喜讯，反之，在什么情况下会遭致失败而得凶闻？

伍子胥回答：军事行动中调动我军攻战敌军的基本方法，总体上说，要仔细地观察敌军的前后布阵，分析敌军的进退部署，特别是要谨慎地观察分析判断敌军部队经过时道路上扬起的尘埃，以及冬天时在行军部队上方所浮现的水蒸气。

（一）清晨日出时，可观察敌军行军时部队所散发出的水蒸气；黄昏日落时，可观察其扬起的尘埃。如果所散发出的水蒸气以及所扬起的尘埃有序而不乱、淡如轻云，这表明敌军部队严整，我军不可轻易与其对阵。

（二）卷起的尘埃纷乱无章，蜷曲不直，混浊而高远，这是敌军大举进攻的迹象，必须提高戒备，视情待敌，或积极组织迎战，或立即避战后退。

（三）行军于野外，急风卷着暴雨骤至，部队没有地方躲避，仍艰难地行进在风雨中的泥泞道路上，缺少粮食，士卒饥饿，也没有什么草料给马吃。对于这样的敌军，我军可以立即发起攻击。

（四）气候恶劣，严冬寒冷，或是酷暑炎热时，对于且行且止，长途跋涉，士卒劳苦不堪，粮食断绝的敌军，我军可以立即发起攻击。

（五）敌军在兵员数量少时表现有恐惧心理，兵员多时又组织混乱；宿营在平地而无险可守，孤立防守又没有后援。对于这样的敌军，我军可以立即对其发起进攻。

（六）敌军兵力虽然众多，但是在组织指挥上却没有周密的计划，处在一片迷乱状态中；指挥官之间又互相猜疑，离心离德。对于这样的敌军，我军可以立即对其发起进攻。

（七）敌军部队极度疲劳，士气萎靡不振，元气一时无法恢复，队伍难以治理；他们在极度缺乏善战的指挥官的情况下，却还互相拆台，疑神疑鬼。对于这样的敌军，我军可以立即对其发起进攻。

（八）日暮黄昏时分，敌军部队奔走疾行不停，但距离宿营地还道远路长。在这时，我军可以立即发起攻击。

（九）军情紧急，敌军已经下达了退却命令，且又遇上气候突然发生变化，急风暴雨骤至，敌营中官兵产生恐惧心理。在这时，我军可以立即发起攻击。

（十）敌军由于兵员数量少而处于劣势，产生极端恐惧，手慌脚乱；畏头缩尾，优柔寡断，即不敢举兵前进，想向后退又不敢动弹。对于这样的敌军，我军可以立即对其发起进攻。对以上十种情况的处置，是攻击敌军取胜于战场的诀窍。

七、击敌逐北篇——战胜敌军的十种有效战术

吴王盖庐问：举凡对敌人发起进攻，什么时间最为合适，怎样做到不早不晚，出击敌军的部位不前不后？哪些情况下的敌人可以打，哪些情况下的敌人不可以打？

伍子胥回答：

（一）对敌人发起进攻的最佳时机，是当面之敌立足未稳之时。他们运送粮草的马和牛还没有喂饱，行军队伍杂乱无序。前线的防御工事还没有修筑坚固，后续部队还没有进入预定宿营地，所有士兵都处在饥饿之中，呈现出恐惧状态。我军在这时可乘机大张声威，疾呼造势，杀场震天响，一鼓作气，纵兵击敌。如此这般迅猛冲锋，就可趁势大获全胜。

（二）战场上的两军相持中，敌军如果以戒备森严的部署与我军对峙待机，我军的对策应是在剑拔弩张中铆住劲，千万不要提前主动出击，要等待敌人的懈怠。这时，敌军如果出击，我军则力争避战，坚守阵地，稳住阵脚，假装不能应战。如此按兵不动，敌人三番五次出阵后就会产生急躁情绪，我军以逸待劳，在冷静观察中寻找到敌军的弱点，突然发起攻击，敌军到那时就无招架还手之力了。

（三）在敌强我弱的情况下，敌军阵地如果以实阵部署，我军则以稀疏之阵布下疑兵，以虚对实。敌军如果趾高气扬，踌躇满志，我军则故意示敌以弱，正处在危难、悲伤战局之中，以松懈麻痹敌军。敌军如果还未战已是骄兵，他们似乎已经胜券在握，我军在这时若采取伏击战术，则比较容易取胜。如果判明敌军实际上并不了解我军实情，狂妄自大，轻视我军，我军在这时可采取迅猛之势，趁机给敌人以疾速打击。

（四）敌军如果来进攻，我军可采取诱敌深入的战法，分批派出小部队进行佯动，给敌人一点小利，然后假装战败而退兵。这种诱敌方法使用几次后，敌人就会对我军的"败退"确信不疑，追杀过来。因为他们急于追赶我军，队伍必然杂乱无章，没有次序，就在这些敌人满怀必胜信心的时刻，我军突然在全线实施还击。敌人在仓促应战中必然没有充分的思想准备，因此会一触即溃。采取这样的战术，就可使敌军有来无回。

（五）敌军如果向我军中心地区进攻，我军则以侧面右翼迎战。敌军如果以为能很容易地战胜我军，在这种情况下，我军可将计就计，以利诱之，然后加以歼灭。敌军战败逃跑，我军应采取伏击战术，截断

敌人的归路，将其全部歼灭。

（六）敌军如果主动前来叫阵进攻，我军应是稳住阵线，坚守堡垒，既不迎战，也不退却，应是等待时机。当太阳落山、暮色降临时，叫喊了一天的敌军官司兵必然需要歇息或休整，然后离开前沿一线阵地。在这时，敌人的将领已下达归返宿营地的计划，士卒也已有归营休息的思虑。我军应抓住这一时机，立即对敌发起攻击。采取这样的战术，就可使敌军顾此失彼。

（七）敌军气势汹汹出营抢粮夺物，我军在此时不要迎着敌人的兵锋而上。敌军士气正盛时，我军对敌人需要保持高度警惕戒备，而不能去与其直接进行争斗。敌军士卒在抢掠后就会归营，手提肩扛，重负难行，满载而归的他们肯定是兴高采烈，在这时没有任何担心和恐惧心理，认为马上就归营了，也就不会有什么戒备。就在敌人的先头部队刚返回驻地营舍，后面的部队也能翘首望到住处时，我军在这时突然对其发起攻击。采取这样的战术，就可使敌军必然败北。我军如此处于时刻有准备的警惕中，而敌人处在懈怠麻痹中，最终的结局是谁盛谁衰也就一目了然。

（八）敌军准备归营时，我军暂时不要急于攻击。待敌军部队前半部分已经入营，我军再发起攻击。敌军后尾部队遭到打击后会产生动摇，普遍产生恐惧之心，我军在这时则迅猛出击，制造声势，杀声震天，将敌歼灭。采取这样的战术，就可使敌军有营难归，可望而不可及。

（九）当我军与敌军的战斗力差不多时，我军不要与敌硬拼，应避免正面作战，采取走为上的策略。当敌人骄傲地自认为是不战而胜、颇为得意时，我军突然攻击其后方，破坏其运输车辆，杀其牛马，使其后勤补给线瘫痪而不能动弹，前方的敌军主力却是见危难救。在敌军失去物资器材等辎重的支持后，我军再放开手脚，展开全面进攻。采取这样的战术，就可使敌军屡战屡败。

（十）敌军远道而来。安营扎寨，天气炎热，酷暑似火，将士普遍会因水土不服，饮食不适，消化系统患有肠胃病。同样的气候中敌我双方都患病，其战局最后结果也就不会像敌人出发前所期盼的能够取得胜利了。

以上十种作战方法，是战胜敌军的有效战术。

八、救民之道篇——净化国内社会政治环境

吴王盖庐问：上天生养的黎民百姓，我与他们相互之间无亲无疏，大家相互有利就皆大欢喜；相互矛盾，有了利害冲突，则两败俱亡。我想把危害老百姓利益的奸贼赶尽杀光，应该如何辨别这些人呢？

伍子胥回答：对以下十种害群之马，要严惩不贷。

（一）地位高贵却不讲道义，拥有财富却不肯济困扶贫，吝于施舍乃至见死不救。对这种人，应给予严惩罚和制裁。

（二）不孝顺父母兄长，不敬重长辈老年人。对这种人，应给予严厉惩罚和制裁。

（三）不慈爱弟妹孩童，不按伦理长幼次第行事。对这种人，应给予严厉惩罚和制裁。

（四）商人小贩在市场上欺行霸市，价不符实，或者压价斩利，强买强卖，而又屡教不改。对这种人，应给予严厉惩罚和制裁。

（五）居住在乡里，有法不依，为人不正直；强词夺理，狂妄自大，不听村里管理者的话；出入村里不向管理者打招呼、请销假。对这种人，应给予严厉惩罚和制裁。

（六）在家庭中不尽职尽责，不教子携幼；与子孙相处，如同家出两门，视若外人；对子孙暴骜不亲，丧失亲情天伦。对这种人，应给予严惩罚和制裁。

（七）当官不为民作主，徇情营私，贪赃枉法，不解民众苦难而利欲熏心，见利必得。对这种人，应给予严厉惩罚和制裁。

（八）不喜欢田间劳作，游手好闲，整天出出进进，串门闲聊天，喜为座上宾客，好逸恶劳。对这种人，应给予严厉惩罚和制裁。

（九）专横霸道，喜欢以自己为中心，夺人之美；周围的人看似众多，但没有可亲近的朋友；经常在暗中玩弄阴谋诡计，搬弄是非，出尔反尔，出卖灵魂，背叛朋友至亲。对这种人，应给予严厉惩罚和制裁。

剔除以上十种属于社会渣滓的人，是救民济世于当代社会的当务之急和方法。

九、德攻篇——对外以德治拯救乱世之道

吴王盖庐问：如果以德为标准，权衡标准，凡有以下情形的，可以兵攻伐之。

（一）本来就没有德政德声，竟然自立为国君，自封为王侯的，就可以攻伐他。

（二）乱施暴政而不体恤民情，没有人性亲情可言；贪鄙残忍，毫无仁爱之心者，可举兵攻伐他。

（三）赋税繁重，横征暴敛，已经到了入户强夺百姓财产的地步。对这样的无德之国，可举兵攻之。

（四）酷刑峻法，政局危难，赋役繁苛，人人自危，对这样的无德之国，可举兵攻之。

（五）各级官司兵怠惰庸懒，贯彻执行中央的命令迟缓拖拉，而又好大喜功，急于求成，对于这样的无德之国，可举兵攻之。

（六）对外有侵犯、欺凌别国的非分虎狼之野心，对内有公开欺压、蒙骗百姓的行盗作贼之心智。对于这样的无德之国，可举兵攻之。

（七）宫廷暴乱不断，大家互相猜疑，没有亲情可言；同僚之间相互欺骗，尔虞我诈，欺上瞒下。对于这样的无德之国，可举兵攻之。

（八）全国老百姓整年劳顿不停，不予以休养生息；连年发动战争不断，士卒疲惫不堪；老百姓多忧虑，国家多患难。对于这样的无德之国，可举兵攻之。

（九）国库空虚，军备松驰，防守疏漏；孤无援，没有盟友，失道寡助。对于这样的无德之国，可举兵攻之。

（十）穷兵黩武，朝廷上下一片主战声，三天内匆忙集合全国部队巢而出，贸然出兵。对于这样的无德之国，可举兵攻之。

（十一）军队虽然众多，但没有人关心军事守备，有国实无防；城墙虽然高厚，但没有人组织加强防御设施，如此没有战斗力合成之守城，也就等于是无防之城。对于这样的无德之国，可举兵攻之。

（十二）国家虽然富足，但并没有用来加强国防军事工程，国富不等于兵强；挥霍浪费无度，把建设重点放在了修建宫殿秘室、亭阁台榭等休闲享乐的设施上，其巨大的耗资费用靠其巧立名目，从民间征赋

纳税，更加加重了老百姓的负担。对于这样的无德之国，可举兵攻之。

（十三）国家虽然强大，但社会风气萎靡不振，道德沦丧，正气衰败；适逢天大旱，连年歉收，饿孚遍地，国家无力救济。对下这样的无德之国，可举兵攻之。

以我国之德攻击上述存在有缺德、无德之现象的国家，这十余种举兵攻之的建议是以德拯救乱世的基本方法。

对这些国家来说，有了天下而不能治理，这是他们无能的表现；治理国家、军队而民众和兵士不服从，这是他们的国法军纪等治理规则混乱所致。

我国对这些无德之国的征伐，应遵循四时五行的法则：春三月，庚辛，属金，太白星主事，不应举兵向西。夏六月，壬癸，属水，辰星主事，不应举兵向北。秋九月，甲乙，属木，岁星主事。不应举兵向东。冬十二月，丙丁，属火，荧惑星主事，不应举兵向南。

Une statue de Wu Zixu à Suzhou.

Table des matières

Imprimé par CreateSpace

Dépôt légal mai 2017